全職員が
定時で帰る

スクールリーダーの

職員室革命

中村浩二
［著］

明治図書

はじめに

月80時間以上の時間外労働者ゼロ。

これは、前任校である名古屋市立東築地小学校の先生方が、学校の働き方改革を始めてから2年で、実際に達成した成果です。

平成29年4月、私は東築地小学校に教頭として着任しました。当時の東築地小学校は、月80時間以上の時間外労働者が全体の36％にものぼり、長時間労働は深刻な状況でした。この状況を打開するため、1年目には教員の「意識改革」を、2年目には「業務改善」を推進しました。私の思いに応えてくださった当時の校長先生や、教職員のみなさんの協力があり、前述のような成果を得ることができました。

手探りでの取り組みであったため、まだまだ課題は山積していました。しかし、実際に成果のあった学校の働き方改革の取り組みを、今にも激務に押しつぶされそうな全国の先生に向けて発信したい。その思いを強める中、私は着任後2年で東築地小学校を去ることになりました。

そして、平成31年4月1日。

まさに、平成から令和に時代が移り変わろうとしているとき、私は名古屋市立矢田小学校に教頭として着任しました。

名古屋市は平成31年3月に「第3期名古屋市教育振興基本計画　～夢いっぱい　なごやっ子応援プラン～」を策定し、学校を子どもがいきいきと活動できる場とするために、個別最適化された学び（画一的一斉授業から個別化・協同化・プロジェクト型学習への転換）を推進することとしました。その中で、矢田小学校は「画一的な一斉授業からの転換を進める授業改善」事業のモデル校として指定を受けました。

新しい学習指導要領の本格実施を1年後に控え、教員は学ぶ時間を確保しなくてはなりません。そのような中、全国の注目を集める事業のモデル校として指定を受けたのです。モデル校としての成果をあげるため、多額の予算が注がれ、名古屋市教育委員会スタッフと教育専門機関が校内に常駐することになりました。タブレットパソコンも160台導入されます。これからの教育の在り方と、子どもたちの成長を思うとわくわく感は止まりません。同時に、先生たちにかかるプレッシャーも計り知れないものがあると感じました。

一方、平成31年1月、中央教育審議会では「新しい時代の教育に向けた持続可能な学校指導・運営体制の構築のための学校における働き方改革に関する総合的な方策について（答申）」を取りまとめました。この答申では、学校における働き方改革の目的を、「我が国の学校教育を維持・向上させ、持続可能なものとするには、学校の働き方改革は急務」「子供のためであればどんな長時間勤務も良しとするという働き方の中で、教師が疲弊していくのであれば、それは子供のためにはならない」というように示しています。そして、勤務時間の管理を徹底し、上限ガイドライン（月45時間、年360時間以内）の実効性を高めることが求められています。

働き方改革を進めながら、限られた時間の中でモデル校としての成果をあげる。

本校に課せられたミッションは、日本の教育の未来を描いたものと言っても過言ではないと思います。そして、本校の校長から、教頭としての私に課されたミッションは、

本校の先生たちに健康的で生き生きと働いていただき、モデル事業を成功させるために、本校の働き方改革について、前任校での実践経験を整理し、発信すること

というものでした。
そこで、学校長の期待に応えるべく、かねてから発信したいと考えていた前任校での取り組みを中心に振り返り、一つ一つ整理しました。本書は、働き方改革を進めるためのスクールリーダーのマインドセットと働き方改革に関わる具体的な実践例を、同様のミッションを抱える多くの学校の管理職の方々へのメッセージとしてまとめたものとなります。

長時間労働が解消され、職員がゆとりの中で、健康的にやりがいをもって業務にあたることができるようになる。

「意識改革」「業務改善」によって生み出された時間を大切にしながら、自己研鑽に励んだり、休養を十分に取ったりすることができるようにし、子どもたちのために最高のパフォーマンスを発揮することができるようになる。

この本をお読みいただき、そんな先生が一人でも増えるといいなと願っています。
「新しい時代の学校の先生の働き方」について、ともに考えてみませんか？

令和2年5月　中村　浩二

CONTENTS

第2章　ポジティブアプローチで進める職員室の意識改革

第3章 ボトムアップで実現する職員室の業務改善

第1章

「全職員定時退校」を実現するためのスクールリーダーのマインドセット

マインドセット

1

働き方のルールを意識する

2019年より「働き方改革関連法」が施行され、働き方のルールは大きく変わってきています。多くの企業は、将来に向けて優秀な労働力を確保することができるように動き始めています。学校現場ではどうでしょうか?

次ページ下のグラフをご覧ください。

これは「我が国の高齢化の推移と将来推計」について示したものです(内閣府ホームページより)。

生産年齢人口は1995年の約8700万人をピークに2065年には約4500万人に減少すると予想されています。また、その頃の高齢化率は、約40%になると考えられています。このままでは、深刻な労働力不足に陥ることは避けられません。

パーソル総合研究所（２０１９年３月８日記事）によると、日本において、２０３０年には６４４万人の人手が不足すると推計されています。この状況に対応するには、労働人口が減少してもよいように労働生産性を上げることや、労働市場に女性や高齢者、外国人を活用して働き手を増やす必要があります。

今後、このような幅広い人々が効率よく働き続けることができるようにするためには、労働時間や雇用形態を、これまで以上に柔軟かつ公正にする仕組みを整えていくことが不可欠です。

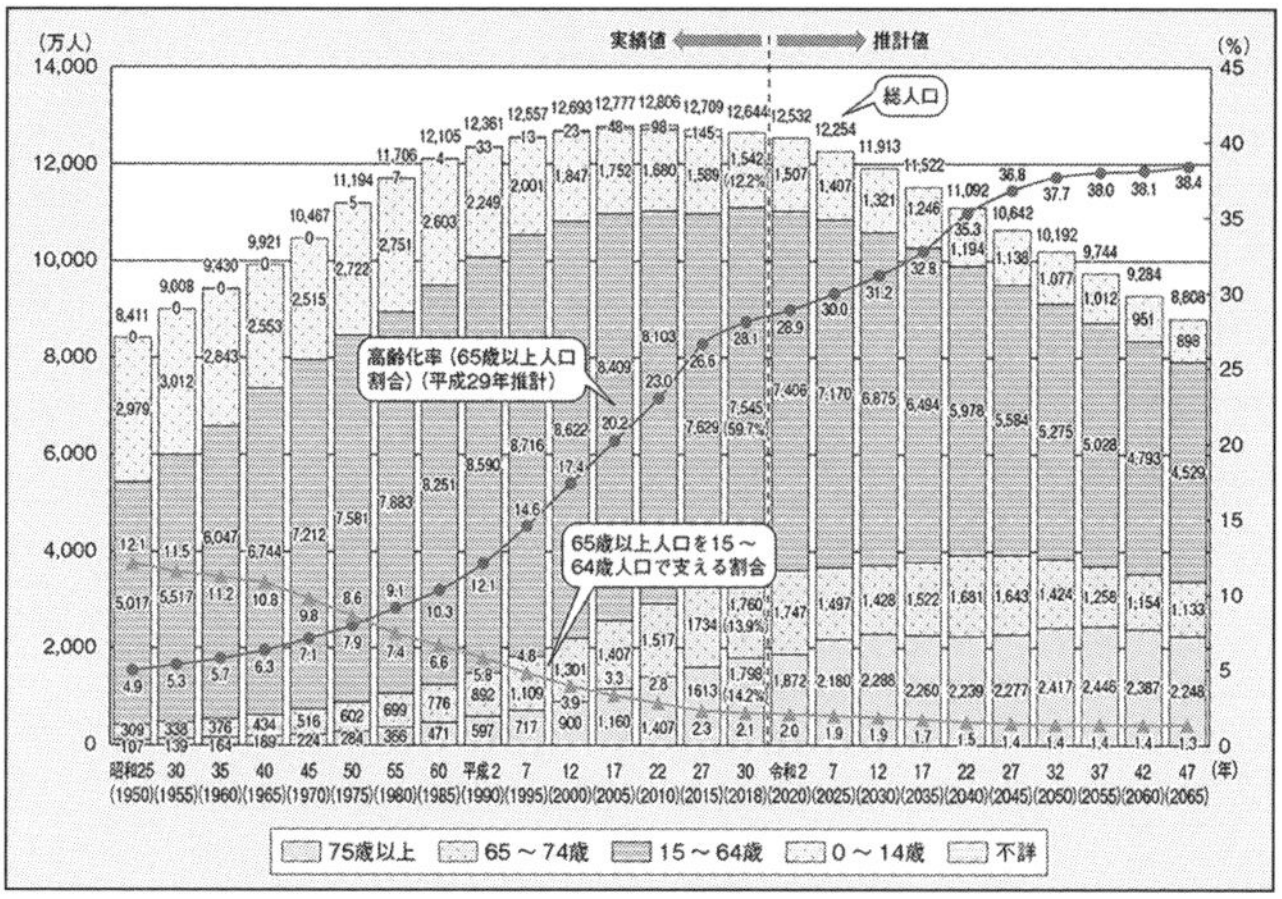

内閣府ホームページ「令和元年版高齢社会白書（全体版）第１章　高齢化の状況」
（https://www8.cao.go.jp/kourei/whitepaper/w-2019/html/zenbun/s1_1_1.html）

こういった状況を踏まえ、政府も本格的な働き方改革に乗り出しました。2018年には、次の三つを柱とした「働き方改革関連法」が公布されました。

● **働き方改革の総合的かつ継続的な支援**
● **長時間労働の是正、多様で柔軟な働き方の実現等**
（例：法改正による時間外労働の上限の導入）
● **雇用形態にかかわらない公正な待遇の確保**
（例：同一労働同一賃金の実行性を確保する法整備とガイドラインの整備）

参考：働き方改革を推進するための関係法律の整備に関する法律（平成30年法律第71号）の概要（厚生労働省）

このように、「働き方改革」は、「将来を見越した国策」であると言うことができます。そして、すでに多くの企業が、将来に向けて優秀な労働力を確保することができるよう、様々な対応策を打ち出しています。

一方で、テレビや新聞などの報道を通じて、学校における労働環境がブラックであるということが広く知られるようになりました。ＴｗｉｔｔｅｒなどのＳＮＳ上には、長時間労働に苦しむ先生による書き込みも多数見られます。

これらの情報が教員を志す学生の心理面にも影響しているのでしょうか。2019年度の教員採用試験の最終選考倍率は、前年度に比べ7割以上の自治体で下がっています(文部科学省「令和元年度公立学校教員採用選考試験の実施状況　第3表」より)。全国最多の志願者数を集める東京都においても、小学校の競争倍率は2・7倍となり、前年度より0・9ポイント下がっています(東京都教育委員会「平成30年度東京都公立学校教員採用候補者選考(31年度採用)応募状況」より)。人材の質を維持することができるのかという心配の声も上がっています。未来を生きる子どもを育てる教員の質の低下は、深刻な問題と言えるでしょう。

さて、学校現場では、優秀な教員を確保することができるような意識にシフトできているでしょうか。また、労働環境整備が進められているでしょうか。

Point

学校現場も、優秀な教員を確保することができるよう、働きやすい職場づくりを進めていこう。

マインドセット

2

労働観をアップデートする

日本はすでに「人口オーナス期」にあります。教員は社会に求められる労働観へとアップデートできているでしょうか？　また、社会に求められる人材を育てるための教育観へとアップデートできているでしょうか？

人口ボーナス期・人口オーナス期という言葉はご存じでしょうか。ハーバード大学の人口学者デービッド・ブルーム氏が提唱し、広く認知されるようになった言葉です。我々が求められる働き方について、この視点から考えてみましょう。

人口ボーナス期とは、生産年齢人口が多い期間のことを言います。高齢者が少なく、豊かな労働力に支えられ、経済発展をしやすいとされています。現在のシンガポールやタイは、人口ボーナス期にあります。ちなみに、日本は、下図に示したとおり、１９６０年頃から始まり、１９９０年頃に終わってしまいました（総務省「国勢調査」より）。

ワークライフバランス社の小室淑恵氏は、人口ボーナス期に経済発展しやすい働き方は次のとおりであると述べています。

- 産業における重工業の比率が高いため、なるべく男性が働く。
- 大量に作ることが成果に直結するため、なるべく長時間働く。
- 市場のニーズを満たすため、均一な品質のものをたくさん提供できるように、なるべく同じ条件の人をそろえる。

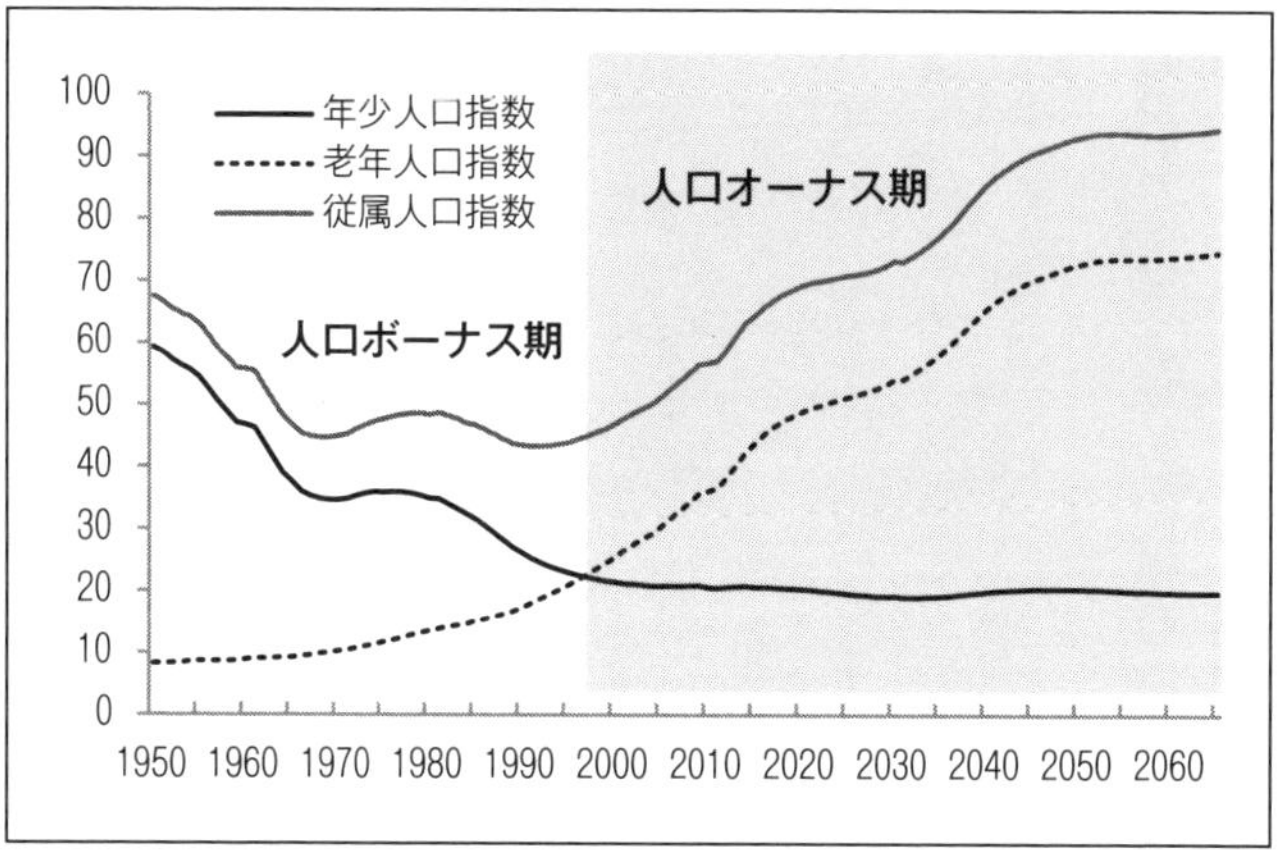

※2016年～は推計値
出典：「平成27年国勢調査」（総務省統計局），「日本の将来推計人口（平成29年推計）出生中位（死亡中位）推計（平成29年推計）」（国立社会保障・人口問題研究所）

「みんな同じ」、「とにかく頑張る」といった、一斉授業による画一的な指導は、人口ボーナス期における教育としては、社会のニーズにマッチしており、理に適っていたと言うことができるでしょう。

しかし、日本はすでに人口オーナス期にあります。人口オーナス期とは、人口構成の変化が経済にとってマイナスに作用する期間のことを言います。オーナスとは、「重荷、負担」という意味で、働く人よりも支えられる人の割合が多くなることを指します。この時期に、経済発展しやすい働き方について、小室氏は、次のように述べています。

- 頭脳労働の比率が高く、かつ労働力が足りないので、男女ともに働くなど、労働力をフルに活用する。
- 時間当たりの人件費が高騰しているので、なるべく効率よく短時間で働く。
- 均一なものに飽きている市場なので、常に違う価値を短いサイクルで提供する必要があり、そのために、なるべく違う条件の人をそろえる。

労働力は常に不足しているので、残業の可否で退職を選択せざるを得ないような労働条件では、その職場は立ち行かなくなってしまいます。さらに、育児や介護、疾病や障害などは、労働するうえで障壁とならないような労働環境の整備が重要です。

現在、学校現場では、画一的な一斉授業からの転換が求められるようになり、「個別最適化された学び」について模索する動きが広まっています。「多様性を尊重する」、「ＩＣＴ環境を整備して効率化を図り教育の質を向上する」といった教育観への転換は、人口オーナス期にある社会のニーズを考えれば、自然な流れと捉えることができるでしょう。

しかし、学校現場では依然、「子どものために」と勤務時間を意識することなく長時間に渡って働くことをよしとする風潮があるのではないでしょうか。ヒドゥンカリキュラム（隠れたカリキュラム）として、身近に接する子どもたちに誤った労働観を植えつけていないかと危惧しています。

社会に求められる労働観へと教員自身が意識をアップデートし、望ましい「働く姿」を示していくことは、人口オーナス期を生きる子どもたちによい影響を与えるでしょう。

参考：「人口オーナス期に経済発展するためには」株式会社ワーク・ライフバランス代表取締役社長　小室淑恵（２０１４．４．２）（経済産業省ＨＰ）

Point

教員自身が社会が求める労働観に意識をアップデートし、望ましい「働く姿」を子どもたちに示していこう。

マインドセット

3

勤務時間内に通常業務を終了できるような業務量を意識する

「教員勤務実態調査」（文部科学省）によれば、教員の長時間労働が深刻な状況にあることが明らかになっています。そもそも通常業務を勤務時間内に終えることができるような業務内容に設定できているでしょうか？

平成28年に、文部科学省から「教員勤務実態調査」の分析結果が公表されました。調査結果によると、教員の平均的な勤務状況は、1日当たりの平均学内勤務時間で見てみると、小学校で11時間15分（勤務時間外在校時間は3時間30分）、中学校で11時間32分（勤務時間外在校時間は3時間47分）でした。平成18年度に行われた前回調査と比較して、いずれの職種（校長・副校長・教頭・主幹教諭・指導教諭・講師・養護教諭・栄養教諭）においいても勤務時間が増加していることも分かりました。また、教員のストレスを分析したところ、平均値において高ストレス状態であることも示されています。

月80時間以上の時間外労働は、過労死ラインと言われています。また、2~6か月平均月45時間超の時間外労働によって、健康障害のリスクが徐々に高まると言われています（厚生労働省「脳・心臓疾患の労災認定」より）。過労死ラインを超える教員の割合は、小学校で約3割、中学校で約6割おり、深刻な状況であることが分かります。

また、パーソル総合研究所と中原淳氏（東京大学准教授）による「希望の残業学

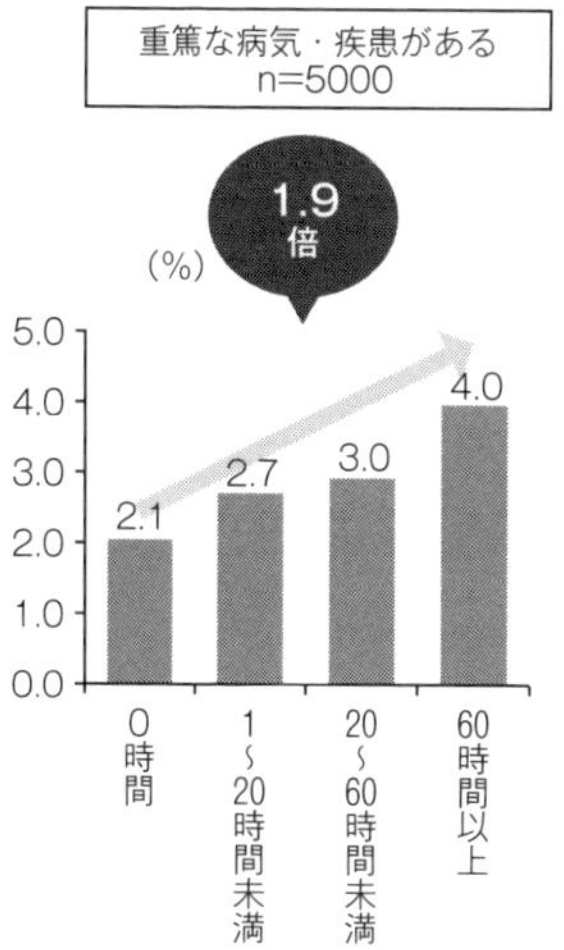
重篤な病気・疾患がある
n=5000
1.9倍
(%)
5.0
4.0
3.0
2.0
1.0
0.0
2.1
2.7
3.0
4.0
0時間
1~20時間未満
20~60時間未満
60時間以上

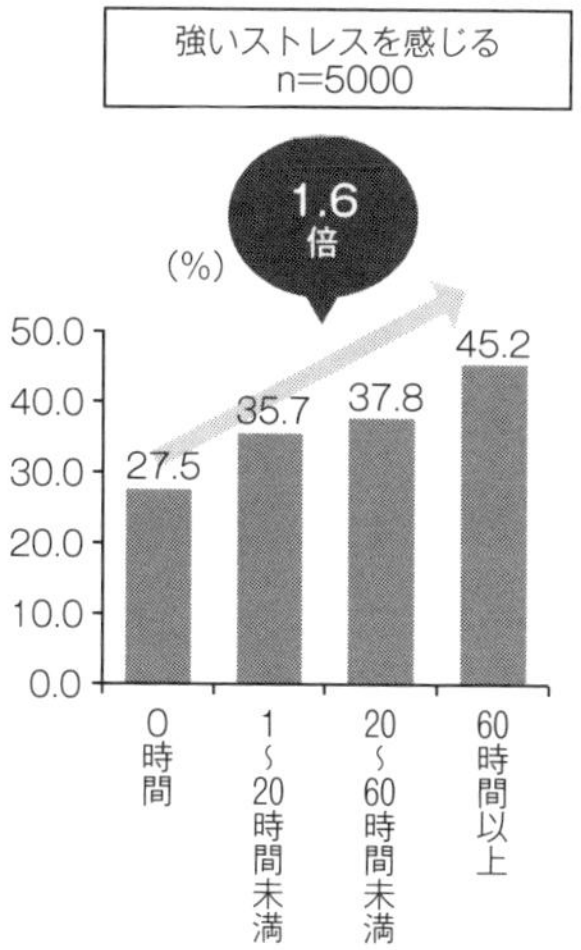
強いストレスを感じる
n=5000
1.6倍
(%)
50.0
40.0
30.0
20.0
10.0
0.0
27.5
35.7
37.8
45.2
0時間
1~20時間未満
20~60時間未満
60時間以上

参考：パーソル総合研究所 HP ニュース（2018.2.8）
https://rc.persol-group.co.jp/news/201802081000.html

プロジェクト」の研究結果によると、月60時間以上残業をしている人のうち、強いストレスを感じている人の割合は残業しない人の1・6倍、重篤な病気・疾患がある人は1・9倍と、高い健康リスクにさらされていることが判明しました。

　マインドセット1、2で述べたとおり、世の中の状況が大きく変化し、求められる働き方も変わってきています。そのような中、教員の業務量は増える一方で、その働き方は持続可能なものであると言うことはできません。

　教員の勤務時間については、本自治体では、午前8時15分から午後4時45分までの7時間45分（休憩時間45分）に設定されています。しかし、子どもたちの登校時刻が、教員の勤務開始時刻よりも前に設定されている学校は少なくないのではないでしょうか。また、部活動の終了時刻が勤務時間終了時刻よりも後に設定されていることも多いのではないでしょうか。

　教員の業務は、授業の他に、授業の準備、生徒指導、給食指導、清掃指導、校務分掌の業務、集金業務、校外学習の下見・準備、外部講師との打ち合わせ、保護者への対応、様々な会議・委員会等々…、例をあげたらきりがありません。8時15分前後に子どもたちが登校してきて、子どもたちがいる間に授業をしたり、トラブルが起きればその対応をしたりして、6時間目終了後15時40分頃に下校したとすると、残っている勤務時間は1時間少々。授業以外の業務を、どれだけ効率よくこなしたとしても、勤務時間内に業務を終えることは、ほぼ不可能なのです。

学校で行われている業務は全て「子どものため」になるものです。しかし、**「子どものため」になるからと言って、全てに全力を尽くして長時間労働に陥り、疲弊したり健康を損なったりした結果、子どもの前でベストなパフォーマンスが発揮できないとしたら、本末転倒ではないでしょうか。**

教員の業務を見直し、やらなくてはならない業務、やってもやらなくてもよい業務、やらないほうがよい業務をきちんと仕分けしたり、優先順位を決めたりすることが必要です。場合によっては、運動会や作品展などの大きな行事も、伝統や慣例にとらわれず、内容を大幅に見直すことが必要でしょう。教員の健康や生命を守るため、授業以外の業務にあたる時間を生み出せるよう、積極的に業務改善や業務削減に取り組む必要があると思います。

Point

教員の健康や生命を守るため、通常業務を勤務時間内に終えることができるよう、積極的に業務改善や業務削減を進めよう。

マインドセット
4
組織の変化のプロセスをイメージし覚悟を決める

「学校の働き方改革」を進めるにあたって、障壁となるのは「教員はこう働くべき」という、長年に渡って培われてきた価値観。この障壁を乗り越える覚悟はできているでしょうか？

２０２０年には小学校で新しい学習指導要領が本格実施となりました。２０２１年には中学校で本格実施となります。

今回の学習指導要領の改訂は、内容にとどまらず、学び方についても言及され、これまでにない大改訂となっています。そのような中、学校現場にも働き方改革の波が押し寄せており、限られた時間の中で、質の高い教育を実施することが求められています。これまでの考え方・働き方では、新学習指導要領の目指すところを実現することは難しいでしょう。意識を大きく転換していくことは避けては通れないと考えます。しかし、「子どものために教員はこうすべき」「保護者の理解を得るためには学校はこう在るべき」といった長年の経験に基づいた価値観や、独自の指導法に縛られている教員は多数おり、そのような教員の理解を得ながら、改革を進めていくには、粘り強い働き掛けが必要です。

さて、組織形成の分野で有名な理論として、心理学者のブルース・W・タックマンが提唱した「タックマンモデル」をご存じでしょうか。タックマンモデルでは、組織の変化を四つのフェーズ（形成期・混乱期・統一期・機能期）に

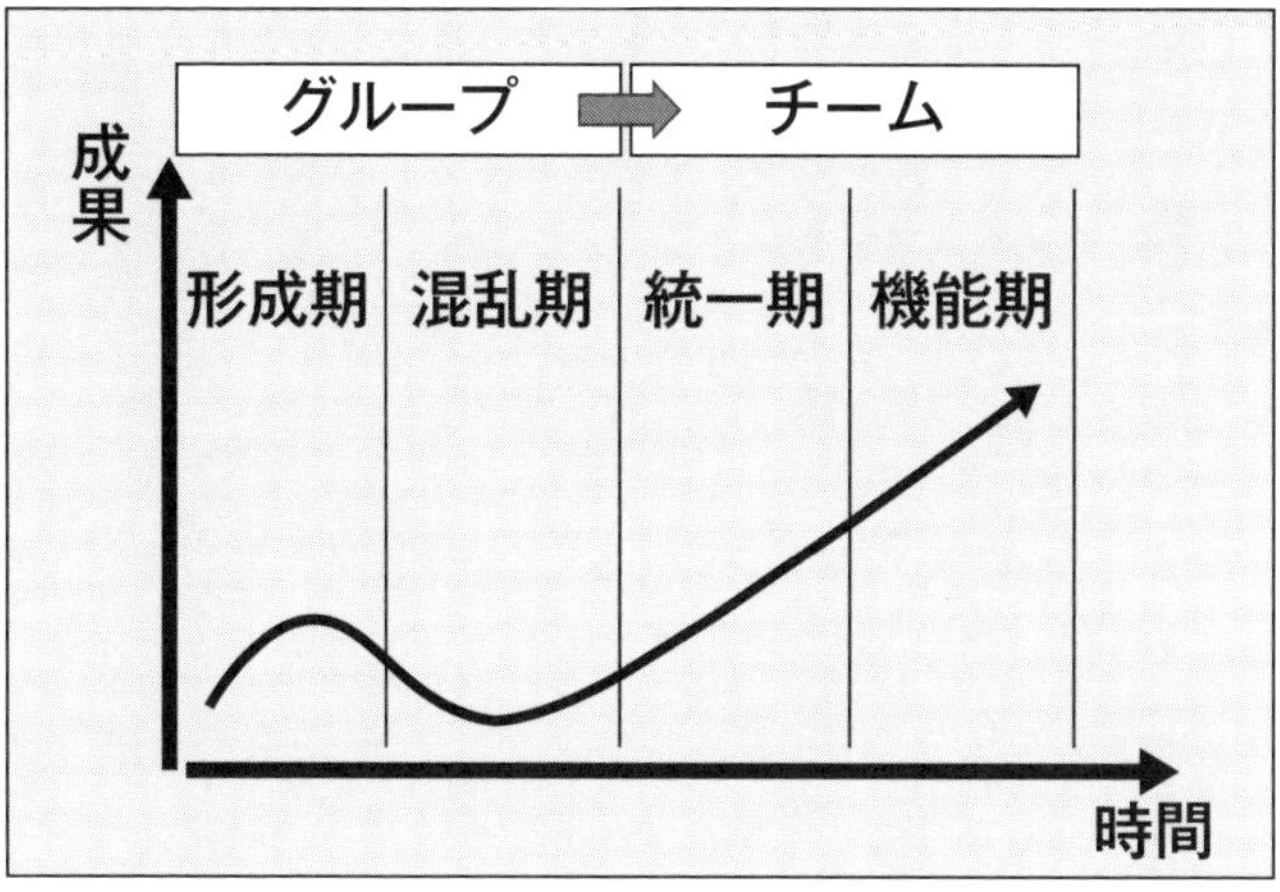

タックマンモデル

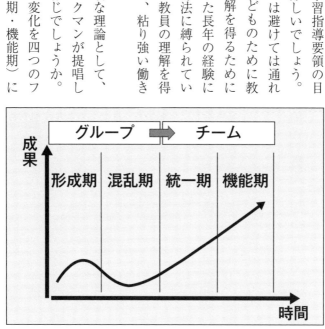

分けて説明しています。その四つの中に、目標に対する意見の食い違いや、人間関係、具体的な業務の進め方について対立が生まれる「混乱期」があります。この「混乱期」に、組織のメンバーの不満や愚痴を聞いて、気持ちをおさめながら、できるだけ対立を避けて乗り越えようとするリーダーがいます。誰もが対立は望まないのですから、混乱期がなく、スムーズに組織が進化していくに越したことはありません。しかし、表面上は取り繕うことができたとしても、根本的に問題は解決されてはいないので、後々、大きな不満が噴出する危険性があります。リーダーは、組織の変化のプロセスにおいて「混乱期」は避けて通れないものとして覚悟を決める必要があるでしょう。

新しいことを始める際には、誰もが変化に対して期待すると同時に、不安も抱えるでしょう。そんな中、**リーダーは組織のメンバーに改革のビジョンを語り、時間を掛けて対話をする場を設定し、目標をしっかりと共有することが大切です。そして、ルールを定着させるためには、組織の変化の嵐を乗り越える、強い信念をもつことが必要なのです。**

Point

リーダーは学校の働き方改革のビジョンを描き、職員に語ることで「混乱期」を乗り越える強い覚悟をもとう。

マインドセット
5

エビデンスや成功事例を示し、職員の納得感・安心感を高める

長年に渡って培われてきた「教員はこう働くべき」といった価値観。職員が納得してこの価値観をアップデートしていくことができるよう、エビデンスや成功事例を示すことはできているでしょうか？

マインドセット４で触れたとおり、長年の経験に基づいた価値観や、独自の取り組み方に縛られている職員にとって、慣れ親しんでいる業務内容を変更することは容易ではありません。そこで、業務の変更については、変更することが自分にとって有益であることを理解してもらうことが大切です。

多くの学校では、業前の「打ち合わせ」は、毎朝実施されて当たり前のものとして受け

入れられ、10分程度の時間を掛けて行われているようです。これが、1回の打ち合わせ時間を5分以内、週に3回だけ行うと変更したらどうでしょうか？

左に示すとおり、年間で20時間もの差が生まれます。まさに「塵も積もれば山となる」の好例ですが、このようなエビデンス（根拠）を示すことで、日々の業務をこなすことで精一杯になっている職員からも「子どもたちと関わる時間が増えそう」とか「20時間あれば、例年どおりの学校行事の在り方を考える余裕ができそう」といった前向きな発言が期待できるようになります。

変更前

10分×５日＝50分

年間35週あるとすると…

50分×35週＝1750分

変更後

５分×３日＝15分

15分×35週＝525分

1750分－525分＝1225分

１年間で約20時間も生み出されることに！

また、このような取り組みを行った際には、実際にはどれくらいの時間短縮につながったのかを検証したり、職員に取り組んだ感想を聞いたりして、その効果を分析し、職員に示していくことも欠かせません。**成果をグラフや表を使って「見える化」することは、職**

員自身が効果を実感することになり、取り組みの定着につながるからです。

これ以外にも、前例を打破して、業務改善・業務削減に成功している学校の事例はたくさんあります。そのような事例を紹介しながら、「この取り組みなら真似できそうだ」「すでに成功事例があるならチャレンジしてみるのも悪くない」といった前向きな雰囲気を高めていくことも、職員が安心して、学校の働き方改革に取り組むことができるようにするうえで大切なことだと思います。

しかし、そういった情報は意識して得るように心掛けなければ、なかなか知ることができません。教育系の学会においても、学校の働き方改革は比較的新しい課題で、実践事例があまり共有されていないからです。また、管理職には、そういった情報を得るための時間的な余裕がないことも理由としてあげられます。**管理職の働き方改革も進め、学ぶ時間を確保することも、それぞれの学校で働き方改革を進めていくうえで欠かせないこと**だと思います。

Point

リーダーはエビデンスや成功事例を具体的に示し、職員が納得・安心して働き方改革に取り組むことができるようにしよう。

マインドセット

6

真の「ワークライフバランス」を理解する

「ワークライフバランス」を意識することは「学校の働き方改革」を進めるうえで重要です。そもそも「ワークライフバランス」とは何でしょうか。

「学校の働き方改革」を進めるにあたり、「ワークライフバランス」の意味について確認しておきたいと思います。

誤解されているなと感じることがよくあるのですが、その中でも、よく目にするのが「仕事とプライベートのバランスをとりましょう」という表現です。どうも、ワークライフバランスとはすなわち「勤務時間終了の4時45分になったら仕事を終えて、プライベートの時間を大事にしましょう」ということであるといった誤解が広がっているようです。

本来、**「ワークライフバランス」とは「ワークとライフの相乗効果」を意味しています。**つまり、**「仕事が充実すると人生にもよい影響を与え、また、プライベートの充実が仕事へよい影響を与える」**ということです。働き手の「仕事のやりがい」とか「働きがい」といったメンタル面がとても大事になってきます。

一般的にワークライフバランスを表す図は、以下のようなイメージのものが多いですが、1日に約8時間働いたとして、往復の通勤時間を入れると9時間くらいになるでしょうか。中には遠方に住んでいて通勤に時間が掛かり、10時間近くになる人もいるでしょう。睡眠時間を除いて、少し残業したものなら、1日のほとんどは働いている時間となります。ということは、「働く」ということが充実したものでなければ、「人生」が充実したものにならないと考えることができます。

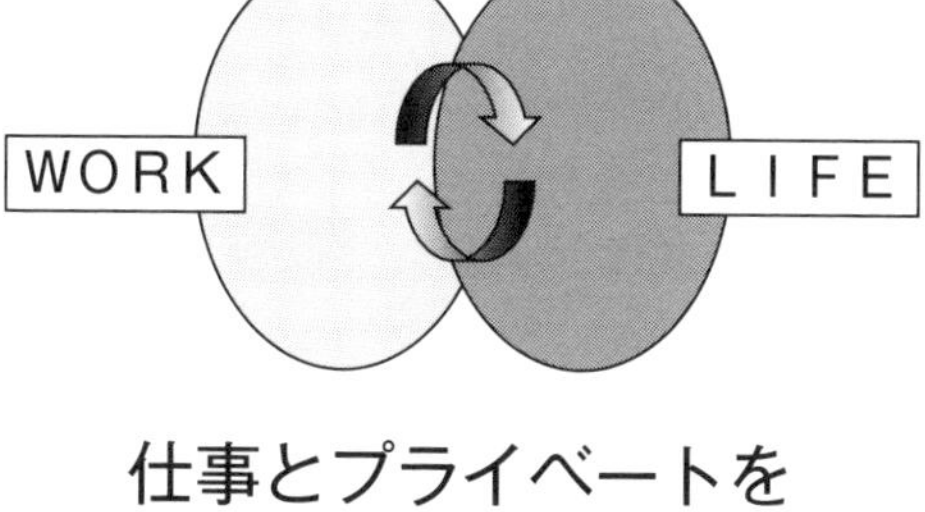

仕事とプライベートを
バランスよく

よって、**ワークライフバランスは、次ページに示すとおり、ライフの中にワークがある**

ようにイメージするとよいかと思います。

子どもたちのためによりよいものを目指そうと、学校行事の準備、教材研究などに集中して取り組むと、仕事に充実感や満足感を感じますし、時間が掛かることもあると考えられます。当然、左の図から右の図のようになることがあると考えられます。また、一段落すれば右から左に戻ることも考えられます。

しかしながら、見通しをもたず場当たり的に業務を進め、いつしか仕事に追われるようになってくると焦燥感や苦しさを感じることになります。人によっては、次ページの図のような状態になり、仕事で手一杯で日常の生活に支障をきたすことも考えられます。このような状態は避けるべきです。長時間労働は、集中力の低下を引き起こしたり、過度の長時

望ましいワークライフバランスとは

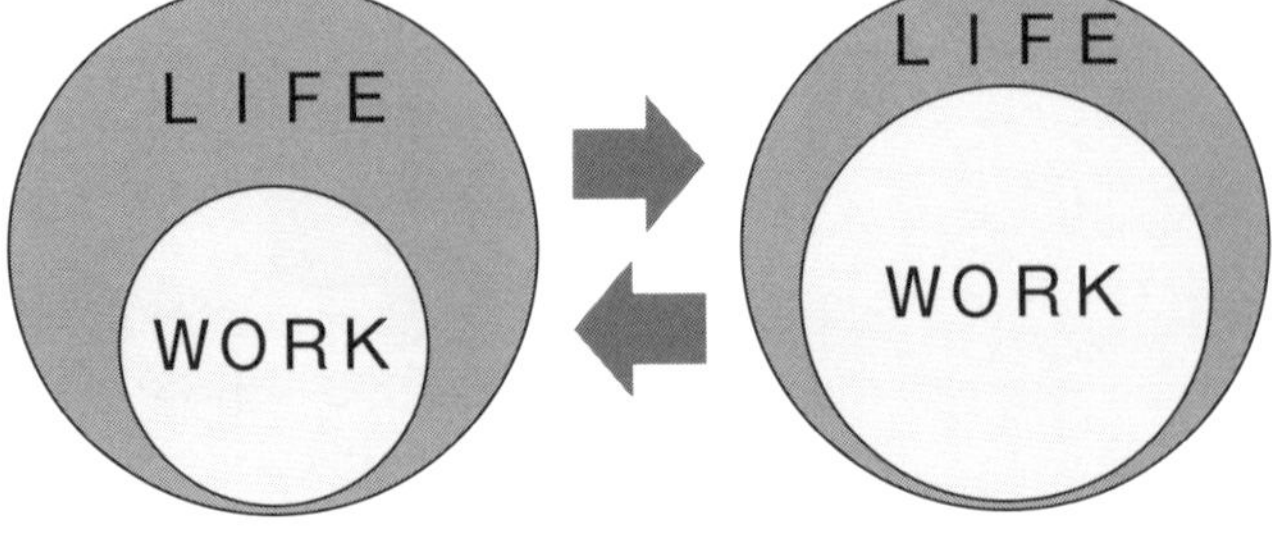

間労働は心身に不調をきたしたりするからです。

　平成26年、福井県の公立中学校教諭が長時間労働により自殺するという痛ましいことがありました。福井地裁は校長の責任を全面的に認め、町と県に約６５００万円の賠償を命じました。「教諭の残業は自主的ではない」として、学校側の責任を認めた画期的、かつ管理職にとって重い判決となりました（２０１９年7月11日朝日新聞より）。現在、この事例以外にも、各地で教員の長時間労働に関する裁判が行われています。

　タイムカードやコンピュータへの打刻などで、職員の出退校の様子を把握することができる管理職は、今まで以上に「労働時間管理」というものを意識することが重要ではないでしょうか。

Point

リーダーが「ワークライフバランス」の意味を深く理解し、適切に職員の労働時間管理を行おう。

マインドセット
7
職員が「働きがい」を感じられる職場をつくる

「ワークライフバランス」を実現するためには、「働きがい」を感じられる職場づくりが大切です。そんな職場になるような仕組みを整えていますか？

２０１０年から２０１１年にかけて日本教職員組合と㈳国際経済労働研究所が共同で行った「教員の働きがいに関する意識調査」によると、教員は、労働時間や職務負荷についての強い不満を抱えながら、一般企業に比べると、極めて高い内発的働きがいをもった状態で働き、年齢とともに意欲が減退していくという実態が明らかになっています。

つまり、学校は教員の高い献身性に頼る、持続不可能な労働環境であると言い換えることができます。持続可能な労働環境を実現するためには、業務改善・業務削減を進めなが

■休暇や労働時間（満足）

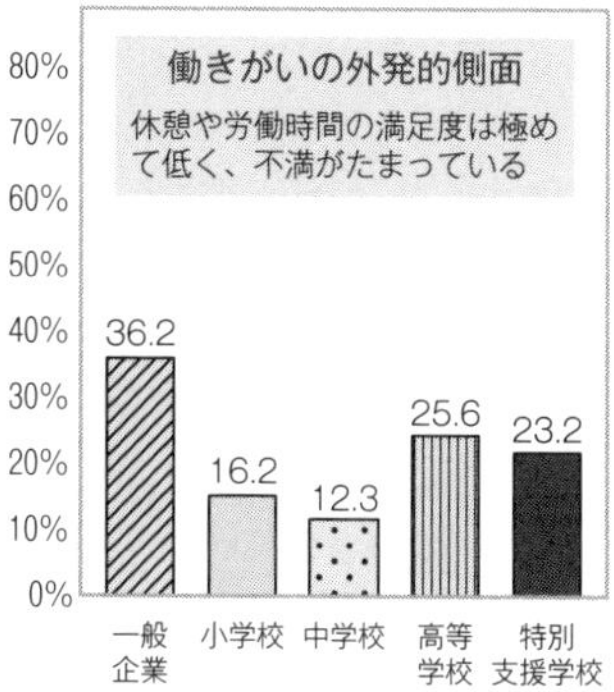

■今の仕事が楽しい

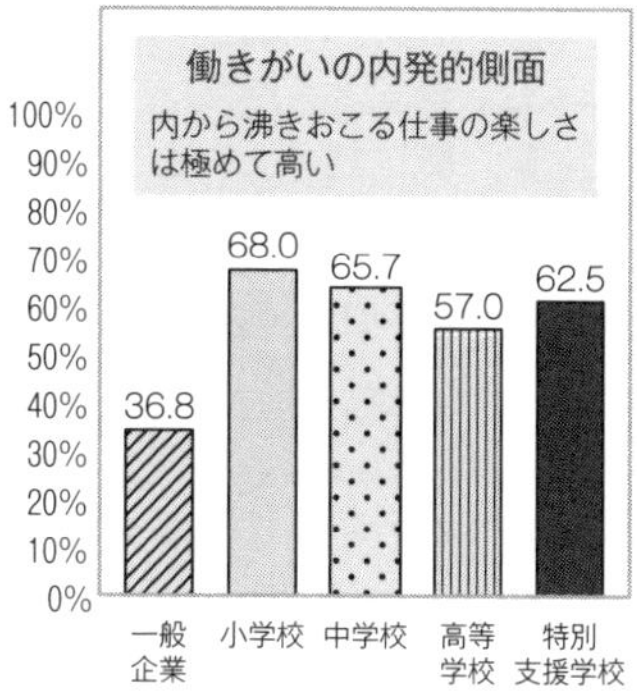

教員の働きがいに関する意識調査（2012年　日本教職員組合 HP
https://www.jtu-net.or.jp/survey-effort/questionnaire/）より

ら、教員のモチベーションを維持することができるような仕組みをつくらなければいけません。

この調査では、「職務自律性（自ら判断・コントロールしながら仕事をできること）」が働きがいに大きく影響していることも明らかになっています。理想とする教育や授業などに取り組むことができているかが大切ですので、職務自律性が低いと、「やらされている」と感じながら働くことになり、働きがいが低下する恐れがあります。

そもそも教員は「よりよい学校にしていきたい」「子どものために頑張りたい」と思っているのですから、この思いを大切にした組織づくりをしていくことが、教員が「働きがい」を感じることにつながっていきます。そこで、リーダーが発揮したいのが**サーバントリーダーシップ**です。

サーバントリーダーシップとは、アメリカのロバート・グリーンリーフ博士が提唱したリーダーシップ哲学で、「支援型リーダーシップ」とも呼ばれています。部下との信頼関係を重視し、協力しながら目標を達成していくという考え方のリーダーシップです。

具体的には、まず、リーダーから改革の意義や目的を周知します。職員の理解や納得が得られ、「これならできそう、やってみよう」という声があがってきたところで、改革に関わる取り組みの権限や責任を各自にもってもらうようにします（図1）。

職員は、自分の思いやアイデアが生かされるのですから、それぞれのモチベーションは格段にアップします。管理職は「信じて・見守り・支える立場」にシフトチェンジしていきます（図2）。サーバントリーダーシップを発揮するのです。

意義
目的
トップダウンで周知
これならできそう！
やってみよう！
理解
納得
実感
成功

図1

すると、職員一人一人、あるいは職員グループでPDCAのサイクルを回すようになってきます。**職場内にチャレンジが認められる雰囲気や、安心感が満ちてくると、それぞれの立場で、学校をよりよくしていこうという自律分散型の組織に成熟していきます。**当然、「職務自律性」が保証されているので、働きがいを感じながら業務に取り組むことができると期待されます。これからの学校の働き方の目指すところは、ここではないかと考えています。

Point

リーダーは職員が「働きがい」を感じられる職場づくりを進めるために、サーバントリーダーシップを発揮し、自律分散型の組織を目指そう。

図2

マインドセット

8

問題の解決にはポジティブアプローチで臨む

学校で問題解決に臨むとき、課題ばかりに目を向けてネガティブな雰囲気になることはありませんか？　そんな雰囲気にならないような工夫をしているでしょうか？

学校現場で問題を解決する際、よく用いられている手法が「ギャップアプローチ」です。次ページの図に示したように、設定した目標に対して、どこが足りないかを考え、その足りない部分を埋めることで解決するという手法です。問題の特定や原因分析が不可欠で、解決方法を論理的に組み立てていきます。

しかし、「学校の働き方改革」を進めるために、管理職から一方的に、「毎月〇日を定時退校日とするので、実現できるように頑張りましょう」

などと定時退校の取り組みについて提案すると、

「仕事の量が変わらないなら、早く帰ることなんてできません」

「今さら働き方を変えるなんて面倒だ」

といった声が職員からあがり、ネガティブな雰囲気が蔓延して、定時退校の取り組みがうまくいかないといった話をよく聞きます。

こういった問題を解決するためには、定時で退校することをゴールに設定するのではなく、定時で退校することで楽しくなるような、あるいは希望がもてるようなゴールを設定して、取り組むことが必要です。

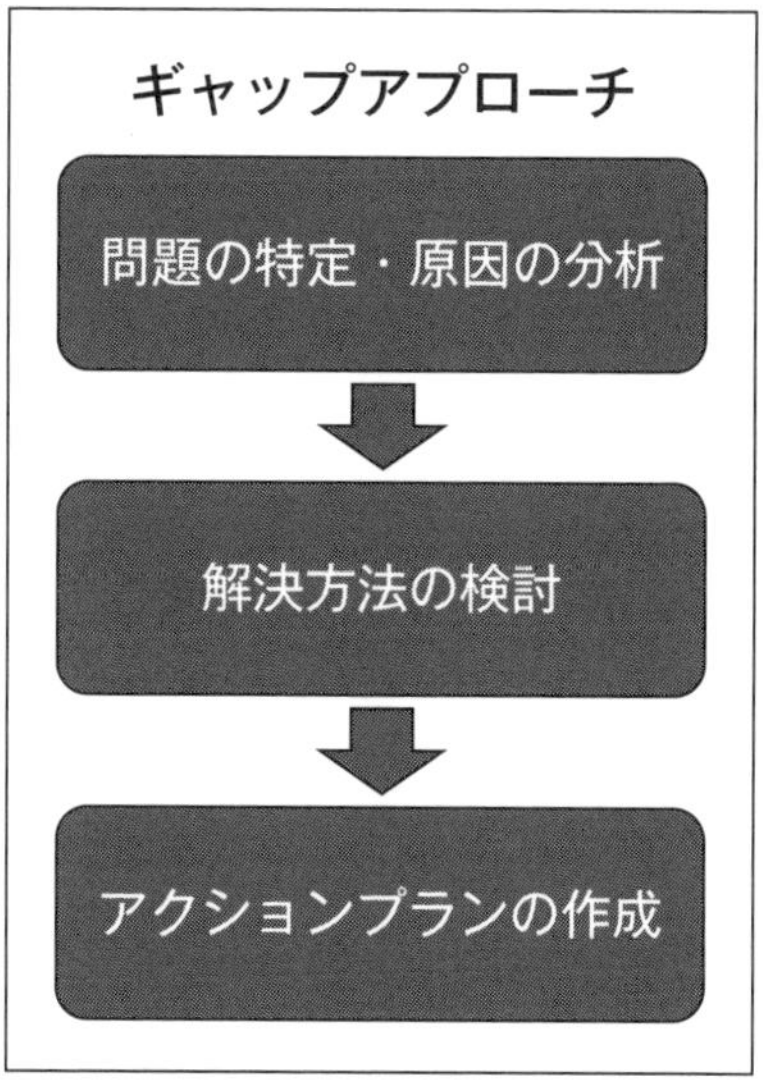
ギャップアプローチ
問題の特定・原因の分析
解決方法の検討
アクションプランの作成

このような場合、**「ポジティブアプローチ」**の手法を用いることが適していると考えます。ポジティブアプローチとは、理想の姿を実現するためのアクションに焦点を当てる方法です。現状は一旦置いておいて、理想の姿の実現に向けた方法を考えます。そして、実際に実行していくことへ重点を置くことで、結果として、現状の問題点も解決していきます。

ポジティブアプローチは理想の姿を出発点とするので、実現すること自体が、参加者の希望をかなえることにつながり、前向きな姿勢での議論が期待できます。また、参加者から提案されたアイデアについても、実行してみたくなるものになる可能性は高くなります。

「学校の働き方改革」について話し合う際には、「ポジティブアプローチ」の手法を取り入れることを、強く勧めます。

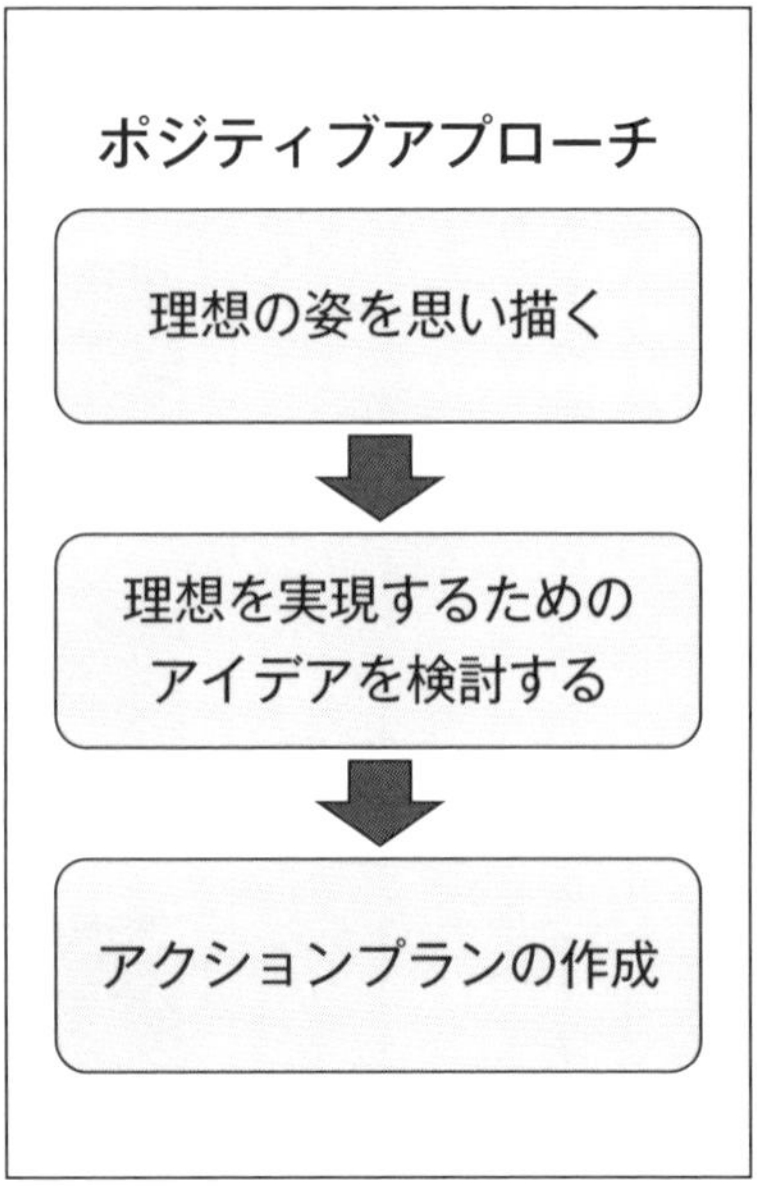
ポジティブアプローチ
理想の姿を思い描く
理想を実現するための
アイデアを検討する
アクションプランの作成

Point

学校の働き方改革において問題を解決する際は「ポジティブアプローチ」の手法を用い、楽しくなるような、あるいは希望がもてるようなゴールを設定しよう。

マインドセット
9

職員同士で「ライフ」を尊重し合える雰囲気をつくる

「ワークライフバランス」を実現するためには、仕事の充実と同様に、ライフ（プライベート）の充実も欠かせません。職場内に職員同士でプライベートを尊重し合う雰囲気はありますか？

先生の幸せ研究所の澤田真由美氏は、次ページの表のとおり「ライフは、体を満たす時間・心を満たす時間・頭を満たす時間・それ以外の生活時間の四つの要素からなる」と述べています。

マインドセット６、７で述べたとおり「ワークライフバランス」とは、ライフとワークの相乗効果で改善するものですから、どちらか一方のために、どちらかを犠牲にするのではなく、ワークとライフがお互いによい影響を与え、両方とも豊かになるようにしていかなくてはなりません。

言い換えれば、四つの要素が満たされなければ、我々教員は子どもたちの前でベストなパフォーマンスを発揮することは難しく、ワークを充実させることができないと言うこともできます。

職員室を見渡して、エネルギーに満ち溢れた同僚がいるとします。

「先日、お子さんが生まれて、父親としての責任感が一層高まり、仕事にも積極的に取り組んでいるな」

「研究会に参加して学び得た手法を使って、成果を上げているな。仕事も楽しそうだ」

一方で、いつもより表情が曇っている同僚がいた

1	 体を満たす時間	**十分な睡眠時間と食事時間のこと。**この時間が充実すると、日中の集中力と活力が湧き、より濃い仕事ができる。（あなたが最も集中力が発揮できる睡眠時間の確保を）
2	 心を満たす時間	一人で過ごしたり、新しい出会いにワクワクしたり、家族や友人とリラックスしたり、遊んだりする**自由な時間。**これによりリフレッシュと人生への満足感が得られ、心をフル充電して教壇に立つことができる。
3	 頭を満たす時間	教員サークルや休日の勉強会、教育書を読むなどの時間。業務としての研修ではなく、**自分の時間とお金をわざわざ使う、学びの時間。**
4	 それ以外の生活時間	**育児や介護の他に、炊事家事・日常の買い物・自分の通院などの時間。**この時間を丁寧に過ごすことで、生活が整い、気持ちが整う。

ライフを構成する四つの要素（澤田氏による）

とします。

「そういえば介護で大変だと聞いたが、その後、お父さんの具合はどうなっただろう？」

「今度、検査に行くと言っていたな。健康状態に不安があるのだろうか」

このように、**職員のライフに思いを馳せながら様子を見守ると、それぞれの職員への声掛けの内容も変わってくる**と思います。そのためには、日頃から職員とコミュニケーションを図ることを心掛け、何でも話せる関係を築いていくことが大切です。また、管理職のそういった姿を示していくことが、ロールモデルとして職員に波及し、互いのライフを尊重する雰囲気が高まっていくのだと思います。

「お父さんの具合はいかがですか？　心配でしょうから、早めに出てくださいね」

「この仕事は任せてください。お子さんの誕生日でしたよね。今日は早く帰らないと」

と温かい声を掛け合うことができる職場づくりを進めていきたいものです。

Point

職員が互いのライフを尊重しながら働くことができる職場づくりを進めるために、リーダーは職員のライフに心を寄せてロールモデルを示そう。

マインドセット

10

学校運営や組織開発の取り組みへのフィードバックを得る機会をつくる

「学校の働き方改革」に関する取り組みは望ましい方向に進んでいるでしょうか？
客観的に振り返り、フィードバックを得られる環境を整えていますか？

私がまだ30代の頃、教科研究の分野において大きな影響を与えてくださった先生の言葉が今でも忘れられません。

「中村先生、教務主任になると日々の忙しさから、とたんに研究をやめてしまう先生が多い。また、学ぶ場も少なくなってしまう。立場は変わっても、ずっと学び続けることが大切だ」

教務主任になって、担任とは違う業務にあたるようになると、学校運営や組織開発といった分野での学びが必要になってきました。しかし、自分の取り組みについては、実践発表する場もなく、取り組みに対するフィードバックをいただく機会もほとんどなくなってしまいました。当時の先生のおっしゃったことが身に染みて分かるようになりました。

そこで、私は日本教育経営学会に所属し、学校運営や組織開発の取り組みについて実践発表する機会を自分から得るようにしました。また、フォーラムなどで登壇する機会をいただくことで、参加者からのフィードバックが期待できるようになりました。

すると、学校運営や組織開発といった分野で活躍されている先生方とのつながりができました。日本教育経営学会では、中央教育審議会「学校における働き方改革特別部会」委員を務めていらっしゃった妹尾昌俊先生と同じ分科会で発表させていただく機会に恵まれました。その後、妹尾先生を名古屋にお招きし、管理職の仲間とともに「学校の働き方改革

教育研究家　妹尾昌俊先生と
日本教育経営学会　第59回大会にて

に関する学習会」を開くことができました。

　また、第1回ワークライフバランスフォーラムで一緒に登壇させていただいた工藤勇一先生には、そのご縁で千代田区立麹町中学校を視察させていただくことができました。「個別最適化された学びを推進していくことは、働き方改革につながっていく」といった言葉が印象に残っています（注：2020年1月現在、千代田区立麹町中学校は希望者多数のため、視察はインターネットでの申し込みのみとなっています）。

　学会やフォーラムで参加者から意見をいただいたこと、知り合った先生方から、学校運営や組織開発の取り組みについて課題を指摘していただいたことは、取り組みの方向性に間違いはないか確認するだけでなく、最新の情報を得ることにつながり、「学校の働き方改革」を進めるうえで、大変役に立っています。それ以上に、出会った方々の熱意ある取り組みを知ったり、そのお人柄に触れたりしたことは、教員としての人生を歩んでいくうえでの財産となっています。

Point

積極的に「学校の働き方改革」に関わる取り組みについて学び発信し、人脈を築いていくことで、フィードバックが得られる状況を整えよう。

以上、10のマインドセットについて述べてきました。

次章からは、これらのマインドセットを大切にしながら、前任校の名古屋市立東築地小学校で取り組んできた、あるいは現任校の名古屋市立矢田小学校で取り組んでいる「学校の働き方改革」につながる具体的な事例についてお示ししたいと思います。

「学校の働き方改革」に関して、適切な助言をいただいた当時の校長先生、提案を実現しようと協力してくださった教務主任・学年主任の先生方、働き方改革に対する期待や戸惑いを正直に打ち明けてくださった担任の先生方の姿を通して、具体的に「学校の働き方改革」が進んでいく様子をイメージしていただけたらと思います。

第2章

ポジティブアプローチで進める職員室の意識改革

1

「学校の働き方改革」を始めよう

勤務時間をずいぶん過ぎてから翌日の授業準備を始める先生。疲れを隠して毎日教壇に立つ先生。…何とかしないと！

1 新任教頭として着任して

平成29年4月。

私は新任教頭として、名古屋市立東築地小学校に着任しました。名古屋市は当時、政令指定都市への事務の権限移譲があり、制度が大きく変わる時期でした。制度変更への対応、職員の任用関係の書類作成、新年度のＰＴＡ活動の立ち上げなど教頭としてはじめて関わる業務が多数あったことから、大型連休までは目の回るような忙しさでした。

大型連休に入り、4月から導入された就業ターミナル（タイムカード）の記録を整理していたところ、勤務時間外在校時間が月80時間以上になっている職員が、28人中9人（32％）いることが分かりました。また、1人1日当たりの勤務時間外在校時間については、28人の平均値が3・38時間であることも分かりました。

この結果は、平成28年に文部科学省から公表された「教員勤務実態調査」の結果と、ほぼ同じでした。調査結果公表当時、教員の長時間労働が深刻であることがテレビや新聞等の報道で話題になっていましたが、まさか自分が勤務している学校の勤務実態が同じになるとは思っておらず驚くと同時に、「年度はじめだから、職員も張り切っているだろうし、4月は例年忙しいから」と考え、その結果をあまり深刻には受け止めていませんでした。

5月になり、月末に予定されている運動会に向けて、表現運動や競争遊戯の指導に熱心に取り組む先生の姿をよく見掛けるようになりました。その姿は頼もしかったのですが、子どもたちが下校した後、翌日の授業準備をする先生たちの様子からは、さすがに疲れているのか元気が感じられませんでした。勤務時間を過ぎて、ノートや作文を黙々と添削する先生たちからは会話をする声も聞こえてこなくなりました。

6月になり、5月の就業ターミナルの記録を整理すると、勤務時間外在校時間が月80時間以上になっている職員は28人中10人（36％）と4月よりも増えていました。また、1人1日当たりの勤務時間外在校時間についても、28人の平均値が3・54時間となり、悪化していることが分かりました。東築地小学校の長時間労働の実態は深刻であることが明らかになりました。

月に1日設定されている定時退校日についても、定時での退校が守られていない状況でした。終業時刻16時45分になっても、ほとんどの先生が席を立つことはありません。定時退校は実質、有名無実化しており、働き方改革は喫緊の課題であることが浮き彫りになりました。

しかし、定時を過ぎた先生たちの様子を見ていると、行事の準備をしていたり、校外学習の計画を立てていたり、ノートや作文用紙に朱書きを入れたりと、子どもたちのた

就業ターミナルの導入により在校時間が明確に

	1人1日当たりの勤務時間外在校時間	月80時間以上の勤務時間外労働者（28人中）
4月	3.38時間	9人（32％）
5月	3.54時間	10人（36％）
6月	2.89時間	7人（25％）

めに一生懸命なのです。

「働き方改革は大切です。ご自身の健康のためにも早く帰ってくださいね」とは、教頭からはなかなか言い出しにくい雰囲気でした。話題になった「教員勤務実態調査の結果」と、「自分の就業ターミナルの結果」はなぜか別のものと捉えているようで、子どものためなら長時間労働になっても仕方がないと現状を受け入れているようでした。

私は、勤務時間内に余白の時間を生み出すことが必要だと考え、夏季休業中に業務改善・業務整理についての提案をまとめることにしました。

2 「学校の働き方改革」の提案

10月末、職員会議で具体的な業務整理・業務改善のための提案をすることにしました。令和2年度4月の新学習指導要領本格実施まで、あと2年半。移行期間まであと半年。入学説明会まではあと3か月を切っていました。時間はあるようで、実はあまりありません。大きな変更に、職員会議での「混乱」が予想されましたが、この時期を逃してはならないと、覚悟を決めました。

職員会議に向けて、校長先生と教務主任と、提案がよりよいものとなるように、夏季休業中から何度も打ち合わせを行いました。校長先生からは、これからの教育界で起ころうとしていること（新学習指導要領の実施・学校の働き方改革など）、東築地小学校での勤務が長い教務主任からは学校の特色（子どもの実態、地域や保護者の学校に対する思い、特色ある学校行事など）といった視点から意見をいただき、提案としてまとめることができました。

そして、教頭より「新学習指導要領本格実施に向けての業務整理・業務改善」というテーマで提案することとなりました。

ねらいは次の二つです。

● 時間外労働を減らし、職員の心身を健康な状態に保つことができるようにする。
● 職員が学ぶことができる時間を生み出し、新学習指導要領の円滑な実施ができるようにする。

そして、基本的な考えとして、次の四つを示しました。

- 法令・規則に基づく業務は基本的に整理・改善は行わない。
- 学校長判断・慣習による業務は積極的に整理・改善を行う。
- 必要な会議・部会・現職教育などは実施方法を見直し、職員一人一人が学校運営の改善に寄与する意識をもって取り組めるようにする。
- 地域・保護者の理解を得ながら、業務整理・業務改善ができるよう、学区連絡協議会、PTA実行委員会、PTA総会などの場で積極的に情宣する。

具体的な業務整理・業務改善案は次のものです。

- 日課表の変更（1時間目の開始時刻を早め、子どもの下校時刻を繰り上げる）
- 週間課程表の変更（外国語活動時間増への対応）
- 通知表の書式・記載内容の変更（所見欄・健康欄の見直し）
- 集金方法の変更（行事の写真販売について、現金集金から業者によるインターネット経由での販売への切り替え）

●電話・来校者対応時間の設定
●部活動の指導時間の制限（週4日、1回2時間以内）など

教頭からの説明が終わると、先生方は非常に戸惑った様子で、

「日課表を変更すると、子どもたちの下校時刻が早まるが、生徒指導が増えるのではないか？」

「野外学習や修学旅行の写真をインターネットでの業者による販売にすると、コンピューターがない家庭は購入できないのではないか？」

「部活動の時間を制限することは、子どもたちの成長したいという気持ちを置き去りにしていないか？」

「通知表の変更は保護者の理解が得られないのではないか？」

など、提案に対してあらゆる角度から反対や疑問の声があがりました。

業務整理や業務改善によって職員の負担を減らすことにより、長時間労働を解消して持続可能な働き方にする必要があることを訴えても、「子どものために」「先生はこうでなくてはならない」「学校はこうあるべき」といった感情が噴出し、この日の会議は予定時間

を大幅に過ぎることとなりました。

これまでにない大幅な変更でしたから、戸惑ったり不安を覚えたりするのは当然ですし、中には、これまでの自分の経験から積み上げてきた働き方を否定されたような気持ちになった先生もいたようです。

こういった職員の気持ちを受け止め、もっと時間を掛けて改革を進めていかなくてはならないなと思いました。さらに、学校の働き方改革の意義が十分に伝わるように具体的な改善例とその効果を示しながら、丁寧に対話を重ねていくしか道はないと感じました。

今後、業務整理・業務改善について、どうすれば職員の理解と協力を得られるようになるのかが大きな課題となった職員会議でした。

2

先生が前向きに取り組むことができる「学校の働き方改革」を

「学校はこうあるべき」

「先生はこうするべき」

先生たちの「働き方改革」に対する考え方をアップデートしなくては！

1 「教頭だより」を発行しよう

「学校の働き方改革」をどのように進めていこうかと悩んでいたところ、同期のS教頭先生から「中村先生が作成していた教務だよりに刺激を受けて、教頭だよりを発行することにしたよ！　内容はずばり働き方改革！」というメールが届きました。

教務だよりは、わたしが教務主任時代、若手が多数在籍していた前任校で、教科指導や生徒指導、学校行事の指導などでポイントになるところをまとめて発行していた職員向けの啓発資料です。当時、教務主任として活躍していたS先生にも折に触れて送付して、助言をいただいていました。

長時間労働を解消するためには、業務の増加に対応するための業務改善に加えて、働き手の意識に対応するための意識改革を同時に進めていくことが大切ですが、日々忙しく過ごしている職員、特に若手の大部分は、「働き方改革」に関わる当時の状況を知らなかったり、長時間労働に対する課題意識が薄かったりするのが実態でした。

まずは、「学校の働き方改革」がなぜ必要なのか、**「長時間労働」を解消するためには何が必要なのかを知ってもらうことから始めることが大切**だと考え、S先生の取り組みを参考に、校長先生とも相談して、東築地小学校でも「教頭だより」を発行することに決めました。

教頭だよりは、平成29年度については、11月から3月まで不定期で12号まで発行しました。忙しい職員でも、読もうという気持ちをもってもらえるように、A４サイズで５分から10分で読める内容に編集しました。具体的な内容は次に示したとおりです。

- 「学校の働き方改革」の目的は？
- 「長時間労働」とはどのような状態のことを言うのか？
- 「長時間労働」の原因は何か？
- 「長時間労働」がもたらす問題は何か？
- 「長時間労働」を解消するにはどうすればよいのか？
- 本校で行う「長時間労働」解消の具体的な取り組みは？
- 一般企業・先進校での「働き方改革」の具体事例紹介　など

11月にはじめて「教頭だより」を配付してから、回数を重ねるごとに、たよりを読む職員の表情が、少しずつですが真剣なものになってくことが感じられました。

次ページに示した「教頭だより」は、第3号として発行したものです。内容は「長時間労働の定義」と「長時間労働がもたらす問題」についてまとめてあります。朝、先生たちの机上に配付しておいたのですが、先生たちの反応は大きく、始業前にじっくりと目を通す先生、授業が終わった後に何度も読み返す先生、「教頭だより」を手に同僚と話す先生など様々な姿が見られました。

教頭だより No.4　学校における「働き方改革」について③

H29.11.22

4　クローズアップされる「長時間労働の解消」について

(1)　長時間労働とは？

労働時間は、労働基準法によって、1日に付き8時間、1週間に付き40時間と、上限が定められています。その上限を著しく超えていく状態が「長時間労働」です。

総務省は、長時間労働を表す指標として「週間就業時間が60時間以上」というものを用いています。教員を例にすると、1週間、定時に始業・終業したとすると勤務時間は38時間45分となります。つまり、1週間で21時間15分の時間外勤務をする状態が「長時間労働」というわけです。1日に換算すると4時間15分以上時間外の状態のことを指します。

仮に、8時15分から16時45分を勤務時間とした場合で考えると…
①　8時15分～21時15分
②　8時00分～21時00分
③　7時45分～20時45分
④　7時45分～20時30分　※　8時間を超える勤務は休憩は60分です！

これらは、すべて「長時間労働」の状態となります。こんな日…。正直、ありますよね。

(2)　長時間労働の何が問題なのか？

月80時間以上の時間外労働は、いわゆる「過労死ライン」と言われています。しかし、これはあくまでも目安で、6か月を平均して45時間を超える時間外労働が行われた場合、健康障害のリスクが強まっていき、労働時間が長くなるにつれて、その因果関係はより強まっていくという調査結果が出ています。

東築地小学校の職員の中にも、この数か月間を見ても、45時間を超える時間外労働になっている方はたくさんいます。みなさんの健康が第一なので「早く帰りましょう」と口を酸っぱくして言い続けます。でも、「早く帰りたいけど、仕事が終わらないから帰れないんです！（怒）」と言われそうですが…。

(3)　長時間労働を防ぐための施策

人命に関わるような長時間労働を防ぐため、平成22年4月1日に、1か月に60時間を超える時間外労働を行う場合の割増賃金率の引上げ等改正労基法が施行されました。また、いわゆる「36（サブロク）協定」と言って、労基法36条には時間外に勤務させる場合には、経営・管理側が労働組合等と時間外労働に関する協定を結ばなければならないことが規定され、1か月45時間、1年360時間が時間外労働の上限となっています。

このように、一般的には、長時間労働の抑制・解消のための法整備はされてきています。では、学校現場では、どのようになってきているのでしょうか？次号では、学校における時間外労働の取扱いに迫っていきます。

教頭だより　第3号

これは、第3号の内容について話し合う先生たちの様子です。

A先生「これってさあ、私たち毎日、長時間労働ってことになるんだよねえ…」
B先生「過労死ライン超えてる先生、いっぱいいますね」
C先生「いっぱいいるのは、さすがにまずいよね…」
A先生「この働き方をずっと続けるのって、無理なことだよ」
B先生「でも、業務削減って言っても、何を減らしたらいいのか分からないですよ」
C先生「教頭だよりの続きで、業務削減の方法、紹介されるんじゃないかな」
みんな「期待しよう」

期待されている分、教頭にはプレッシャーが掛かりましたが、これまで働き方改革や長時間労働について話題にすることがなかった職員が、教頭だよりをきっかけに、職員室で話し合っている姿を見て、意識改革に向けて一歩踏み出すことができたと感じました。第12号を配付してから、教頭だよりについて職員にアンケートを取ったところ、次のような結果が得られました。

教頭だよりの効果　アンケート結果（n=24）

「教頭だより」を読みましたか。（人）

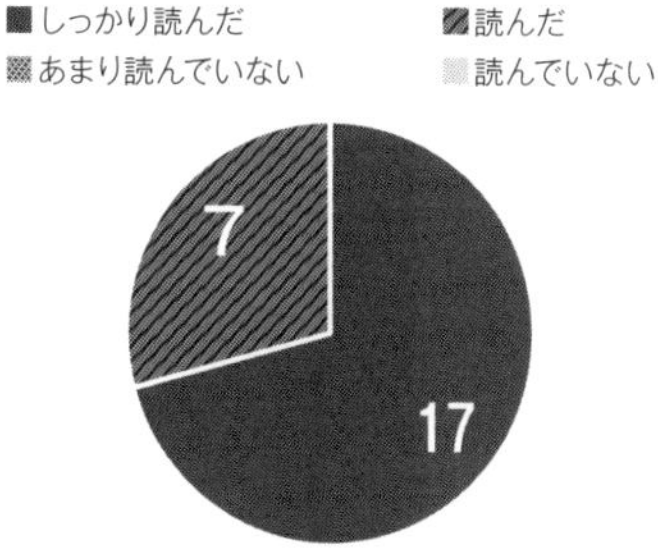
しっかり読んだ
読んだ
あまり読んでいない
読んでいない
7
17

「教頭だより」の内容は分かりましたか。（人）

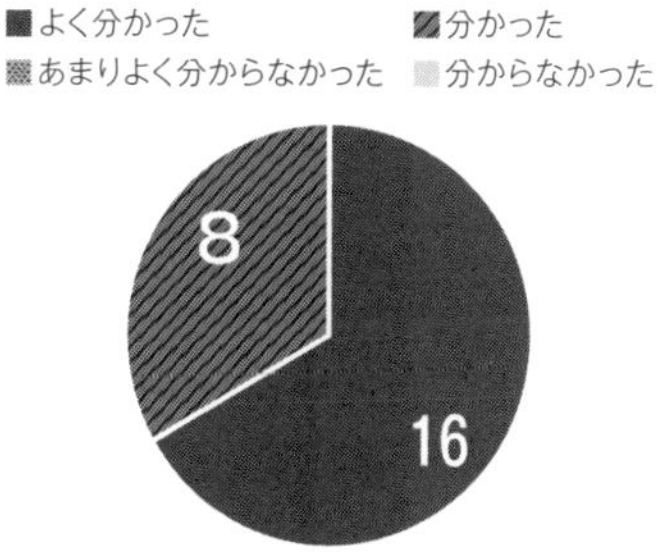
よく分かった
分かった
あまりよく分からなかった
分からなかった
8
16

「教頭だより」は「働き方改革」への
関心を高めるのに役立ちましたか。（人）

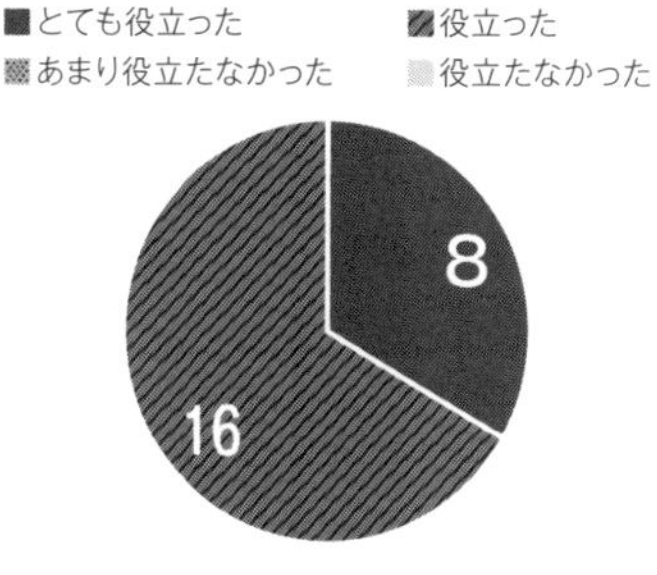
とても役立った
役立った
あまり役立たなかった
役立たなかった
8
16

具体的には
何をしようか…？
「働き方改革」をもっと
意識しないと！
計画的に仕事を
進めないと！
働き方改革への
関心の高まり

アンケート結果から、「教頭だより」は全ての職員が読んでいることが分かりました。忙しい先生が読む時間を確保することができるか心配されましたが、やはりA４サイズにまとめ、５分から10分程度で読める内容にしたことがよかったようです。

また、内容についても分かりやすかったという評価を得ることができました。特に「長時間労働が健康に及ぼす影響」「一般企業で取り組まれている働き方改革の具体例」についてまとめたものは好評でした。教頭だよりの内容がよく伝わったことにより、アンケートには、

「計画的に仕事を進めるようにすることが大切だと思う」

「健康的に働くために、働き方改革について、もっと意識しないといけない」

「仕事を充実させるためには、生活を安定させることも大切だと感じた」

といった記述が見られました。

私は、職員の働き方改革への関心が高まっていると感じたので、

「それでは実際に行動に移してみましょう！」

と呼び掛けました。

2 「個人定時退校」にチャレンジしよう

1学期、定時退校の取り組みがうまくいっていない実態を目にし、私は「それぞれ担当している学年も違うし、任されている校務分掌も違う。業務の進捗状況は人それぞれなのだから、全員一斉に退校を求める定時退校日の設定は、そもそも無理があるのではないか」と考えていました。そこで、「個人定時退校」の取り組みを進めることにしました。

具体的な方法は次のとおりです。

❶ 職員は、前月の月末までに「個人定時退校日申告シート」を記入し、教頭に提出する。

❷ 教頭は、各自が申告した定時退校日に「個人定時退校日申告シート」を黒板に掲示し、朝の打ち合わせで、定時退校予定者の名前を読み上げ退校を促します。具体的には「本日の定時退校予定者はK先生とF先生です。みなさん、ご協力お願いします」というように全職員に知らせる。

12月中にシートを提出し、年明けから取り組むことにしました。

年が明け、いよいよ3学期最初の朝の職員打ち合わせ。「個人定時退校」の取り組みがスタートしました。教頭から

「本日の定時退校予定者は、M先生、T先生、G先生です。みなさん、ご協力お願いします」と呼び掛けました。

すると

「M先生、個人定時退校1号ですね」

「T先生、いつも遅いので、今日は早く出てくださいよ」

という声が聞こえてきました。何となく職員室の雰囲気も和やかに感じます。

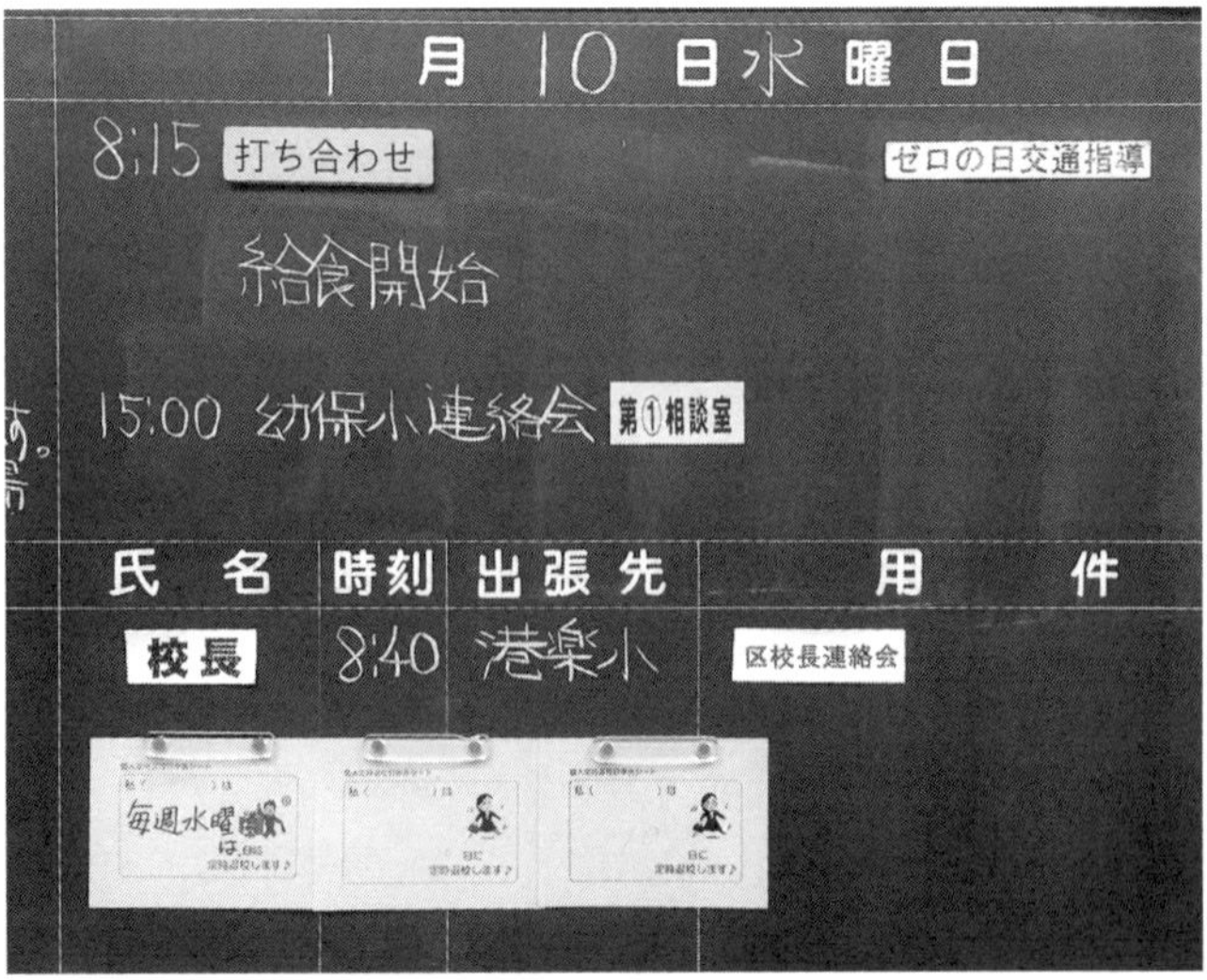

職員室前面の黒板に張り出された
「個人定時退校日申告シート」

個人定時退校日申告シートには
名前と定時退校予定日を記入します。

個人定時退校日申告シート

私（○○ ○○）は

23・26

日に

定時退校します♪

○　定時退校日の申告日数は，はじめの頃は月に1日あるいは2日でしたが，慣れるにつれて「毎週木曜日」などと申告する先生が増えてきました。
○　申告する日は，部活動が実施されない日や，前もって分かっている「家事都合」に合わせて設定する先生が多かったようです。

退勤予定時刻が近づくと、

「先生、そろそろ帰る準備をしないと」

「定時退校日、自分で決めたんだから、きちんと守らなくちゃですね」

と職員同士で声を掛け合っています。

退校する先生の様子を見ていると
「こんなに早い時間に普段退勤しないから、違和感があるなあ」

と言いながら就業ターミナルにカードを通しています。

しかし、退勤時刻を打刻する姿は、どことなくうれしそうです。

1か月たったところで、アンケートを通して「個人定時退校」の取り組みを振り返ったところ、次のような結果が得られました。

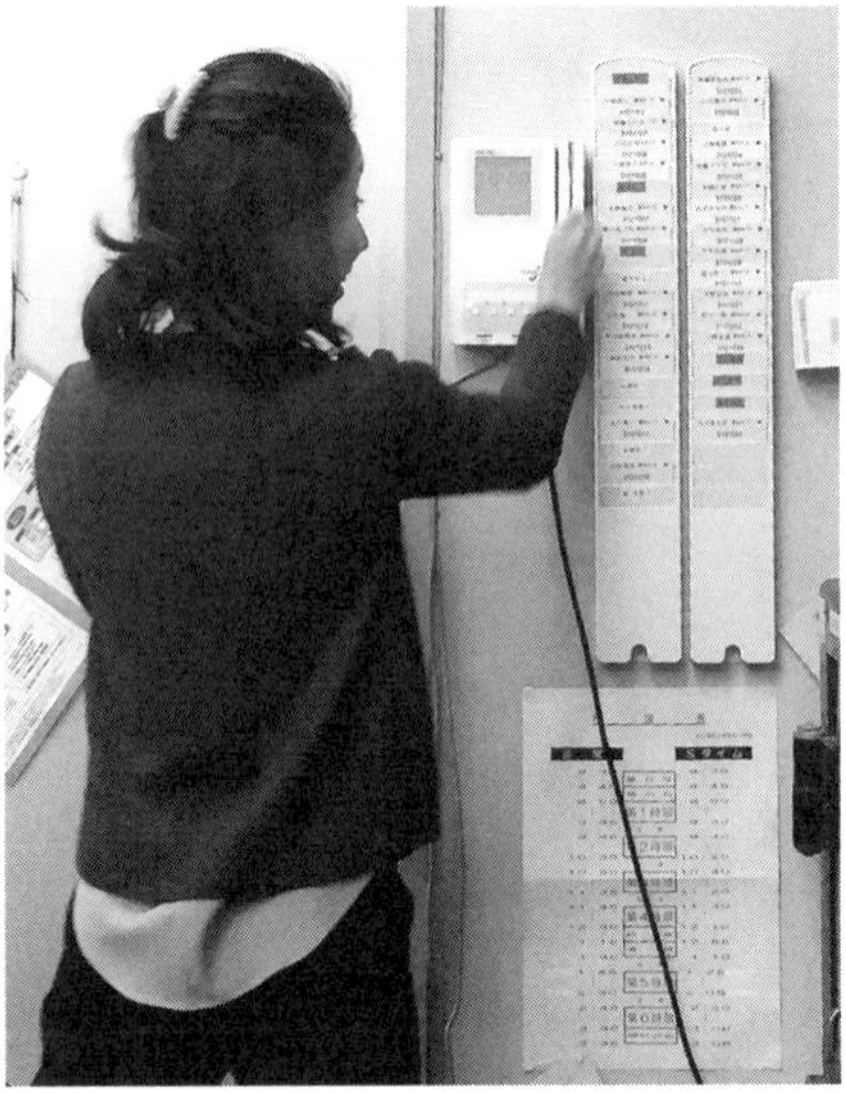

定時に就業ターミナルを利用して
退校時刻を打刻する様子

「個人定時退校日申告シート」の取り組みの効果（1月）（n=26）

定時退校の可否（人）

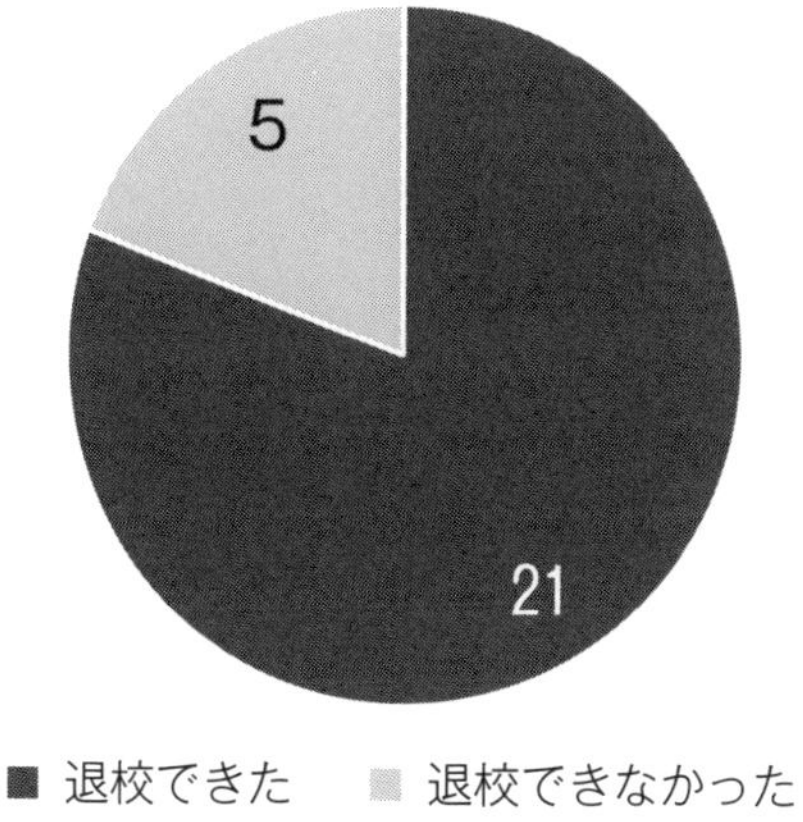

定時退校後の過ごし方（人：複数回答可）

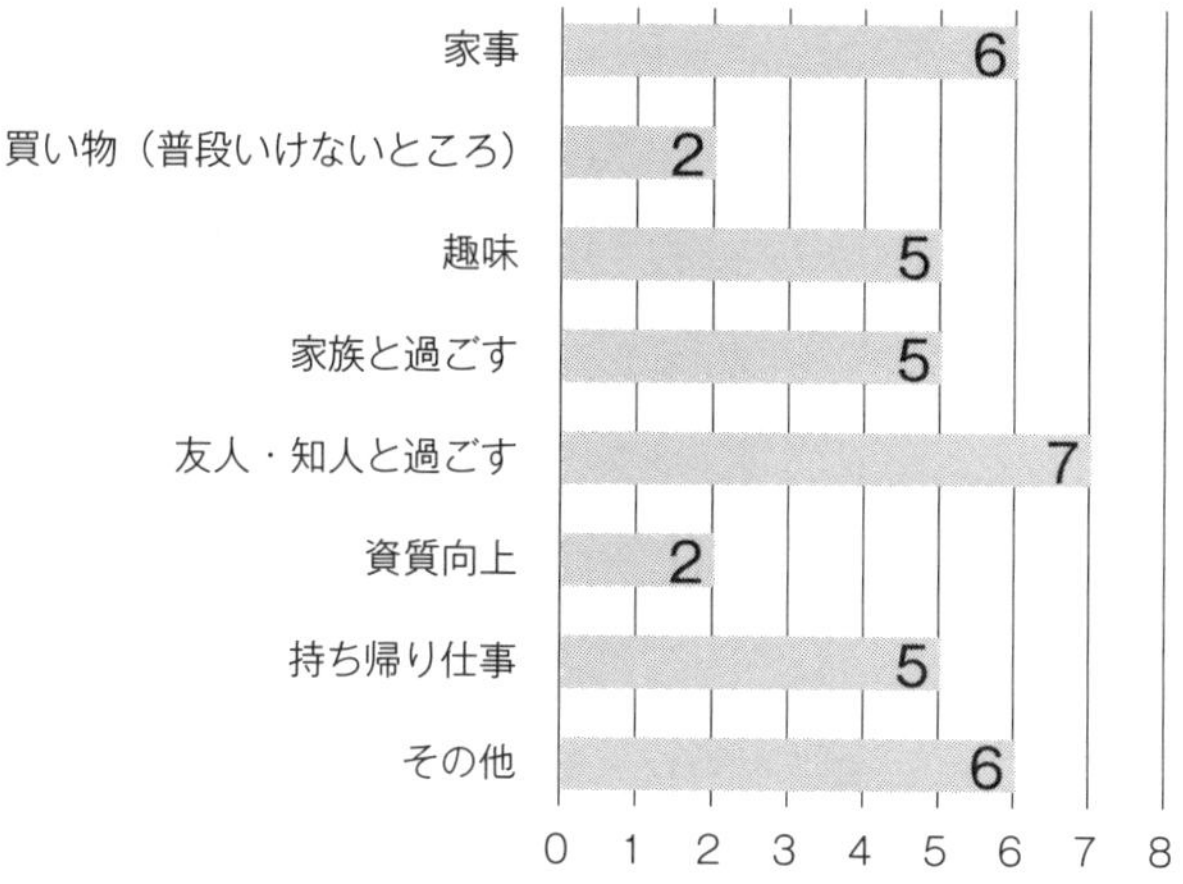

まず、26人中21人が自分で決めた日に、定時で退校することができていました。**定時で退校する日を自分で決めることが効果的だった**ようです。

定時退校後の過ごし方については、「友人・知人と過ごす」「趣味」といった、時間を有効に使っていると思われる回答が複数見られました。一方で、「持ち帰り仕事」と回答する先生もおり、課題となりました。

「個人定時退校日」の取り組みが、仕事の進め方の見通しをもつきっかけとなった先生は、26人中25人いました。

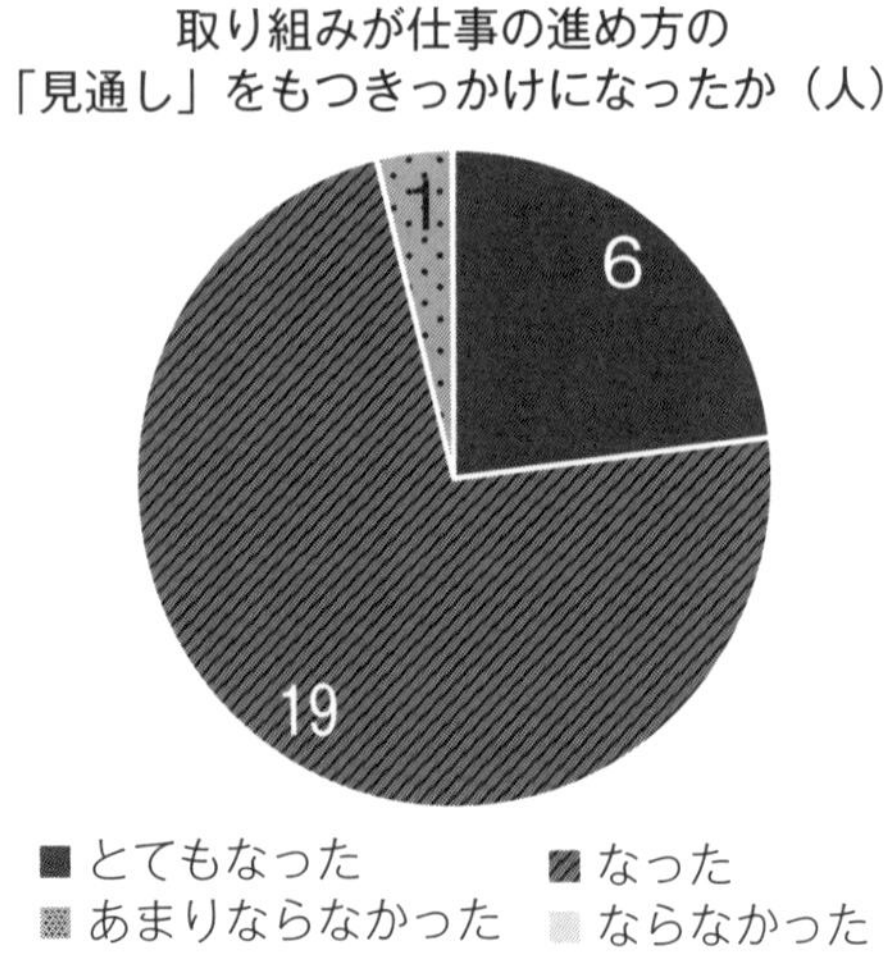
取り組みが仕事の進め方の
「見通し」をもつきっかけになったか（人）
1
6
19
とてもなった
なった
あまりならなかった
ならなかった

また、アンケートの記述より「効率よく仕事を進めよう」という意識が高まっていることが分かりました。さらに、「定時に退校しやすい雰囲気が出てきたこと」や「シートを自分で掲示するともっと意識が高まるのでは？」といった意見も見られました。

具体的な数値で成果を確認すると、職員の1日当たりの平均勤務時間外在校時間は、平成29年11月と30年1月を比較すると、3・2時間から2・2時間に減少していました。

月ごとに取り組む業務の内容は違うので、一概に比較することはできませんが、1日当たりの平均勤務時間外在校時間が1時間減少したことは、職員にとっても驚きだったようで、職員室からは、

「見通しをもてるようにきちんと計画を立ててから仕事をしよう」

という声が聞こえるようになってきたことを、うれしく思いました。

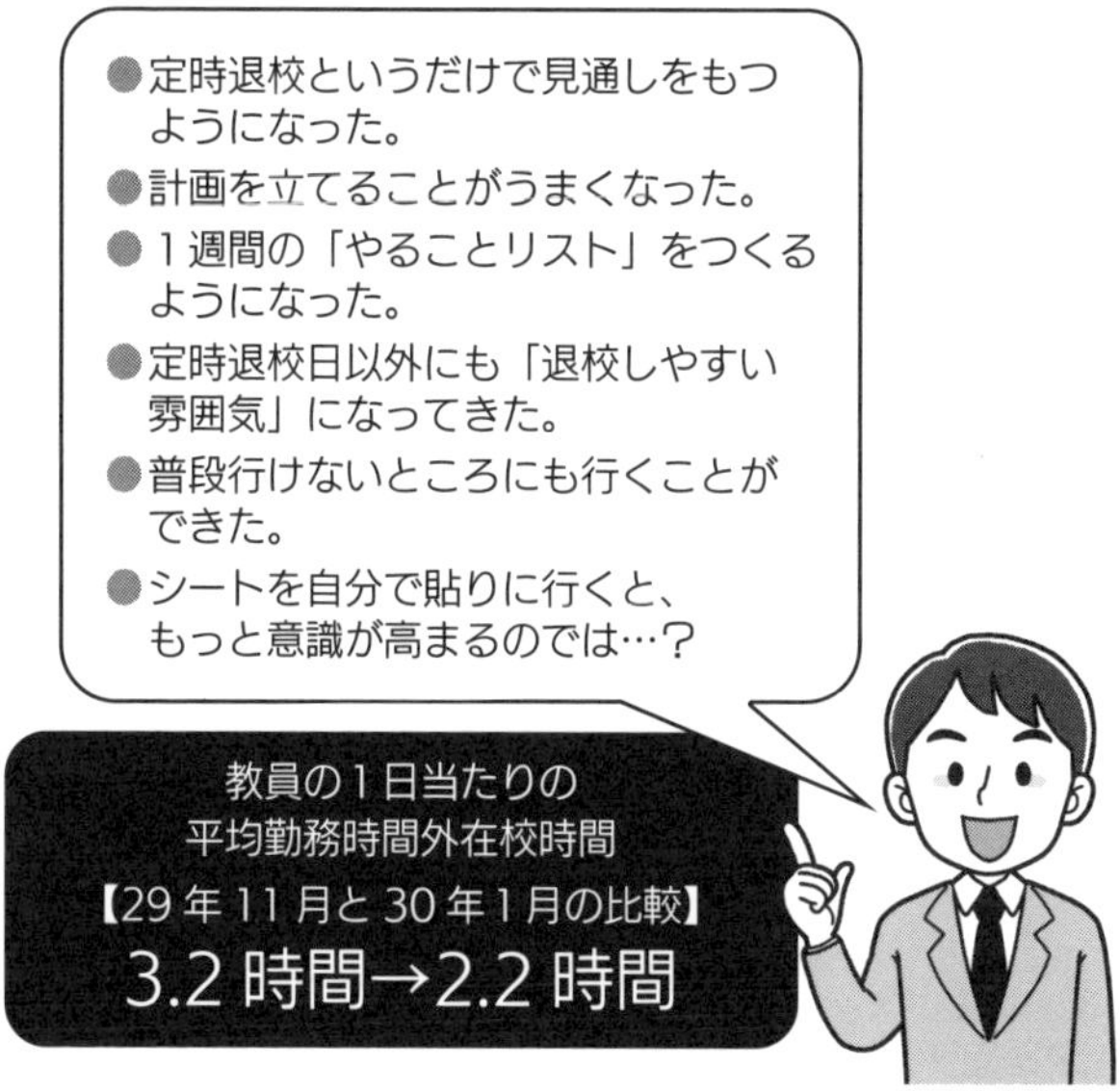
●定時退校というだけで見通しをもつようになった。
●計画を立てることがうまくなった。
●1週間の「やることリスト」をつくるようになった。
●定時退校日以外にも「退校しやすい雰囲気」になってきた。
●普段行けないところにも行くことができた。
●シートを自分で貼りに行くと、もっと意識が高まるのでは…？
教員の1日当たりの平均勤務時間外在校時間
【29年11月と30年1月の比較】
3.2時間→2.2時間

3 「学校の働き方改革」について学ぼう

業務整理・業務改善をいきなり訴えてもうまくいかない。
意識改革から始めなくては。
そのためには、まずスクールリーダーが学ぶことから始めよう！

1 「学校の働き方改革」先駆者との出会い

本書53ページで述べた10月末の職員会議の後、業務整理・業務改善についての先進的な取り組みについてもっと知りたいと考え、「学校働き方改革フォーラム２０１７ in 大阪」に参加することにしました。教員養成系大学の学生や院生、小中高校の教諭、管理職、民間のコンサルタント、教育に関わる行政職の方等々、様々な立場の方が参加されていました。参加者の顔ぶれを見て、多くの人が「学校の働き方改革」に対して関心をもっていることを実感することができました。

当時、横浜市立永田台小学校で校長を務めていた住田昌治先生の基調講演は、大変印象深いものでした。「とらわれない　おそれない　あきらめない」を合言葉に、職員が一丸となって職場の働き方改革を進めていました。

特に心に残ったことは、**「会議の進め方」**でした。**会議に必要な書類は印刷しないで、コンピューターのサーバー上で管理し、職員会議までに各自で目を通しておきます。**提案者は会議では概要だけ伝えます。聞き手となる職員は、場合によっては、提案について、少人数のグループに分かれて話し合います。**疑問や改善案を、その場で「見える化」していく**ので、議論が活発になり、提案内容についての理解も深まります。会議時間は必ず45分以内におさめているそうです。全員がそろわなくても、時間が来れば会議を始め、本当に話したいことがあれば、45分を過ぎても続くことはあるそうです。しかし、元々の予定は45分ですから、45分を過ぎれば途中で退室しても構わないということでした。

永田台小学校での会議に向けての準備や実施方法は大変合理的で、自校でもすぐに取り入れることができるなと感じました。

また、東築地小学校でも後日取り組むことになる**「理想の1日デザイン」**についても紹介していただきました。**自分が実際に理想の1日を描いてみる**ことで、時間を有効に使わないと理想の1日を実現することができないということがよく分かりました。

「寝食を忘れて働くこと」が美徳のように言われることがあるのですが、寝食を忘れた結果、先生が疲弊していては、よいパフォーマンスを発揮することができず、子どもに迷惑を掛けることになりかねません。そんな当たり前のことに気づくことができました。長時間労働傾向にある自校の先生たちにも伝えたいと思いました。

先生の幸せ研究所代表の澤田真由美さんからは、**留守番電話や自動音声応答**を導入した学校の様子や会議用テーブルの活用といった具体的な事例を伺うことができました。

実践事例として紹介された小中学校では、留守番電話や自動音声応答の導入前には、児童生徒の下校後に保護者からの電話が多く、集中して仕事ができないという問題がありました。しかし、導入後は**静かな環境で業務に集中できるようになり、職員の仕事全体に対する持ち帰り仕事の割合は20％から10・3％に減少した**とのことでした。また、18時以降の自動音声導入は保護者の満足度は100％で、保護者の意見としては、

「決められた時間に対応していただけるほうが、電話が掛けやすくスムーズである」
「先生の勤務時間を意識して、連絡する内容も最小限に伝える意識をすることができる」
「必要なら18時前に掛ければよい」

といったものばかりで、学校に対して批判的なものはなかったそうです。

また、**「立って会議用テーブル」**の導入については、文字どおり、立って会議をするためのテーブルで、簡単な部会や打ち合わせをする際に活用します。**「立って会議用テーブルを利用する」＝「短時間で終える」**という意識が職員に定着し、集中して部会や打ち合わせが行われるようになったそうです。

この他に紹介された取り組みも、参考になるものばかりで、早速、「教頭だより」にまとめ、自校の職員に知らせました。先行事例やその取り組みに対する保護者の反応があると安心できるようで、教頭だよりを読んでの感想を聞いてみると、

「会議の仕方は真似ができそうだ」

「留守番電話は保護者から反発がありそうだが、実際にはそうでもないのか…」
「理想の1日デザインか…。やってみたいな」
など、業務整理や業務改善について前向きな声が聞かれるようになりました。

私は、**このような「教頭だより」を活用した情報提供や対話を繰り返し、業務整理や業務改善について、先生たちの理解が得られるように働き掛け続けました。**

同時に、中央教育審議会の、学校における働き方改革特別部会の議論の動向についても職員室で話題にするようにしました。当時、中教審では、労働基準法が定める時間外労働の上限である月45時間以内を参考にしてガイドラインの策定を進めようとしていたからです。

当時の東築地小学校での多くの職員の働き方では、時間外労働の上限月45時間以内を実現することは大変難しく、業務改善・業務整理は避けては通れないことを折に触れて訴えるようにしました。

2 「学校の働き方改革」先進校を訪ねて

公立の小学校で、着実に改革を進めている住田先生の話を伺って、さらに話を聞いてみたい、実際に職員が働く様子を見てみたいと思いました。そこで、思い切って住田先生に学校訪問の依頼をしました。この訪問が、東築地小学校の働き方改革を加速させていくきっかけとなりました。

永田台小学校を訪れて、まず驚いたことは、**職員室に校長先生の机がありません。**「応接室の入り口の近くに、校長の机がドンとあると、応接室に入りにくいでしょ?」と住田先生は笑っておっしゃるのです。実際、応接室で面談している最中にも、多くの先生が応接室を訪ねては、様々なことを校長先生と相談していました。校長先生と先生がフランクに話せる雰囲気づくりを大切にしているのだなと実感するとともに、自分自身が安心して住田先生とお話をすることができました。

住田先生からは、業務改善・業務整理の具体例について次のことを教えていただくことができました。どの取り組みについても、資料を示しながら、どのように進めていったのかについて詳しくお話しくださいました。

- 理想の1日デザインの実施
- 通知表の簡略化
- 会議の実施方法の工夫（時間の制限・資料のPDF化など）
- 教科担任制の実施
- 学校だより・学年だより・保健だよりの一本化
- 職員打ち合わせの簡略化　など

また、授業後に行われた会議（研究授業検討会）にも実際に参加させていただくことができました。会議に主体的に臨む先生たちの姿に圧倒されることになりました。自校に戻ってから、すぐに視察した内容を校長先生に伝え、

「本校でもできることはすぐに取り入れませんか？」

と提案することができました。

永田台小学校での体験が、私にとって「学校の働き方改革」を進めるうえでの大きなヒントを得る機会となりました。また、業務整理・業務改善に向けて、先生たちの意識改革

をどのように進めていくとよいのかイメージすることができるようになりました。
穏やかな口調で、かつ強い意志をもって語る住田先生からは、改革に臨むスクールリーダーの在り方について学ぶことができました。

横浜市立永田台小学校　住田昌治校長先生と
（現　横浜市立日枝小学校長）

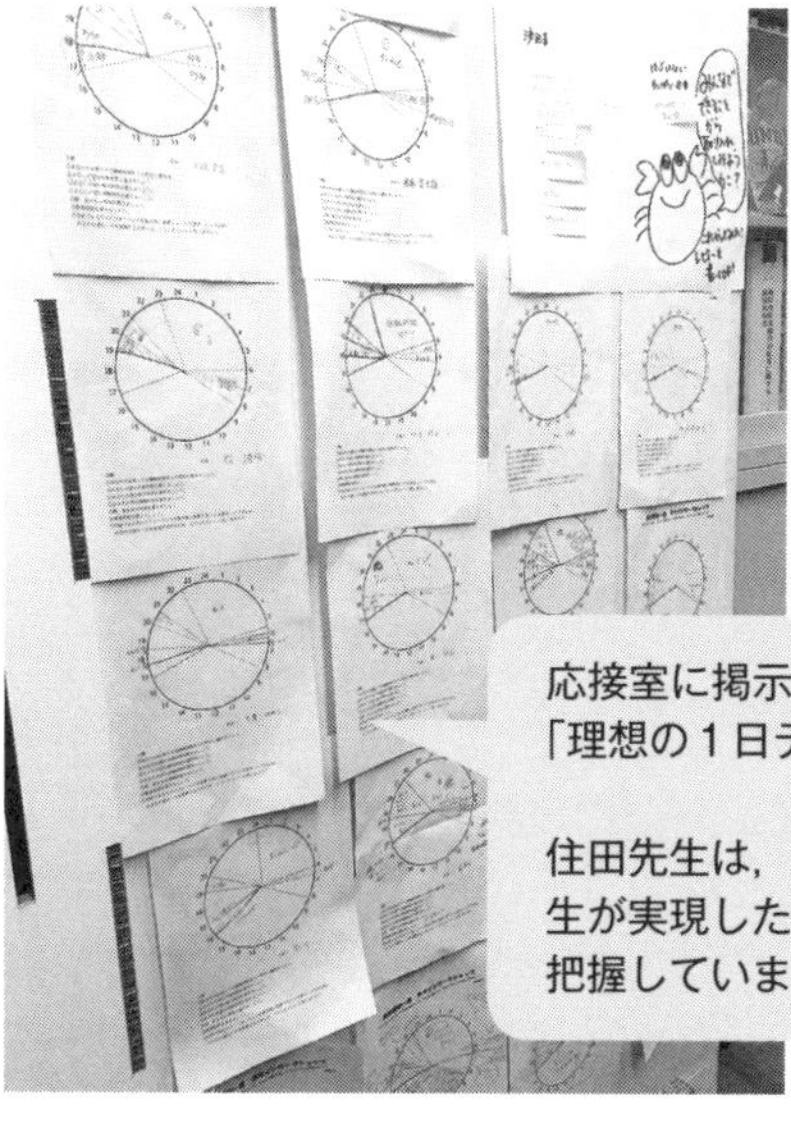

応接室に掲示された
「理想の１日デザイン」

住田先生は，それぞれの先生が実現したい１日を全て把握していました。

4

みんなで理想の働き方を考えよう

効率的に働くといっても限界がある。
やっぱり業務を削減するのって抵抗があるんだよなぁ。
「ポジティブアプローチ」で課題を解決してみませんか？

1 「理想の1日」を構想しよう

「個人定時退校」の取り組み後のアンケートから、持ち帰り仕事をしている先生や、業務の効率化が苦手な先生がいるようだったので、学習会を開くことにしました。学習会を進める際、ネガティブな雰囲気が漂うと、改善しよう、チャレンジしようという気持ちが高まりません。そこで「ポジティブアプローチ」の手法を用い、**「働き方改革」によって実現することができる「理想の1日」を思い描くところからスタート**することとしました。

まず、学習会の冒頭で、月80時間以上の時間外労働が常態化している自校の先生に、

「40時間早く帰ることができたらどうしますか?」

と尋ねました。

このような話し合いをするときは、笑顔が広がります。

「月40時間もあったら、職場のみんなで出掛けられますね!」

「趣味の演劇の稽古に行けるな」

「家族で過ごす時間が増えそうだ」

40時間あったらどうするか話し合う様子

などと活発に発言し、普段の会議では見られないような盛り上がりが見られました。

そこで私からは、

「働き方は生き方そのものであり、働くことは自分の人生を豊かにする手段です。みんなで実現したい理想の1日を構想しましょう！」と投げ掛けました。

理想の1日を構想する方法は次のとおりです。これは横浜市立日枝小学校の住田昌治校長先生が提唱している「理想の1日デザイン」の取り組みを参考にしました。

理想の１日デザイン

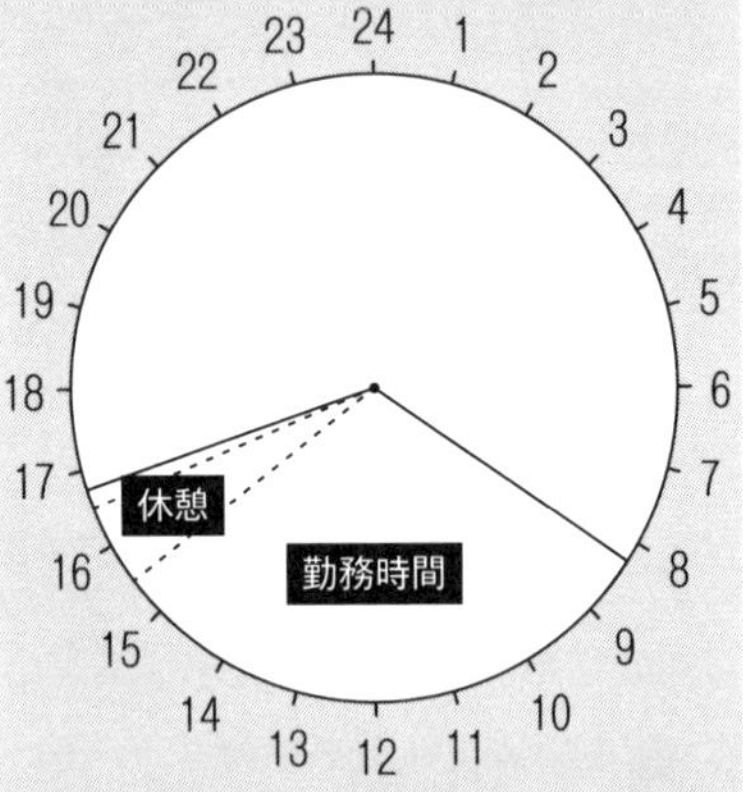

① 勤務時間で円を区切る。
（本市は8：15〜16：45）
② 必要とする睡眠時間で区切る。
③ 望む夕食時間で区切る。
④ 望む帰宅時刻を書き込む。
⑤ 望む退勤時刻を書き込む。
⑥ 朝，家を出る時刻を書き込む。
⑦ 望む朝食時間で区切る。
⑧ 現在の生活の様子と比べる。

「理想の1日」を構想し始めると、

「睡眠時間を確保するためには、学校を早く出ないと実現できないな」

「きちんと朝ご飯を食べるためには、6時に起きないと間に合わないぞ」

などとつぶやきながら真剣に取り組む先生たちの姿が見られました。


その後、できあがった「理想の1日」を互いに見比べることにしました。**ポジティブアプローチにおける「自分たちの理想的なありたい姿を共有する段階」**です。「理想の1日」を見比べ始めると、

「それぞれ、実現したい生活スタイルが違いますね」

「理想を実現するためには、そもそも、

構想した「理想の1日」を互いに見合う様子

今みたいに、ずっと学校にいたんじゃ不可能だと思う」

「H先生は、お子さんを毎日、保育園に迎えに行くんだな。早く帰る必要があるから大変だな」

などと感想を述べ合っていました。

理想の1日を「見える化」したことにより、**それぞれが理想とする生活スタイルが違うことに気づいたり、**これは、そもそも当然のことなのですが、**学校にいられる時間に限りがあることを改めて認識したりすることができました。**

そして、何より、互いの「理想の1日」を知ることは、**小さなお子さんを抱えている先生や、介護で大変な先生の互いの生活スタイルを尊重することにつながりました。**そして、その理想の1日を実現するために、互いに協力していこうという雰囲気が高まったことが、この取り組みの大きな成果としてあげられます。

「学校の働き方改革」のゴールを「理想の1日の実現」と設定したことで、参加者の意識は前向きなものとなり、よい雰囲気で学習会を進めることができました。ポジティブアプローチの効果を実感することができました。

2 タイムマネジメント・タスクマネジメントを意識しよう

そこで、さらなるポジティブアプローチです。「理想の1日」を実現するために、業務を効率的に進めようと投げ掛け、タイムマネジメント・タスクマネジメント演習を行うことにしました。**「自分たちの理想的なありたい姿を共有し、それを実現したいというメンバーの主体性から、具体的なアクションにつなげる段階」**に入ります。

タイムマネジメント・タスクマネジメント演習の方法は、次のとおりです。

タイムマネジメント・タスクマネジメント演習の方法

❶ 模造紙に授業以外の仕事を書き出す。

❷ 仕事の優先度を５色の付箋紙を使い，分類する。
・今すぐに行うもの→赤色
・今日中に行うもの→黄色
・今週中に行うもの→緑色
・今月中に行うもの→青色
・学期中に行えばいいもの→オレンジ色

❸ 分類した付箋紙をマネジメントシートに貼りつけ，１週間のうちのどのタイミングでその業務に取り組むと効率化が図れるのかを，グループで話し合う。

まず、模造紙に授業以外の仕事を書き出すところから始めました。すると、10分も経たないうちに、模造紙はいっぱいになってしまいました。

「改めて書き出してみると、仕事って授業以外にこんなにあるのか」

「計画的に進めないと、そりゃ長時間労働にもなるよね」

といったつぶやきが、あちこちのグループから聞こえてきました。

そこで、

「付箋紙を使って、授業以外の仕事を色分けして、優先順位を考えてみましょう」

と指示しました。

授業以外の仕事を書き出す様子

　すると、それぞれの経験を基に、生徒指導に関わる緊急性の高いものは赤色、しばらく先の行事の計画などじっくりと考えればいいものは青色など、きちんと理由を考えて、分類していく姿が見られました。

　続いてマネジメントシートに、色分けした付箋紙を貼りつけていきます。マネジメントシートは、月曜日から金曜日までの日課表を拡大したものです。授業以外の仕事を、1週間のうちのどこで行うと効率化を図ることができるかをグループごとに考えてもらうことにしました。

　ベテランは長年の経験から、若手は柔軟な考えで、それぞれ意見を出し合い、マネジメントシートを完成させていきました。

授業以外の仕事を書き出し，優先順位を話し合う様子

取り組んでみて気づいたのですが、タイムマネジメント・タスクマネジメント演習を行う際には、**ベテランと若手、男性と女性の組み合わせを考えて、バランスよくグループ編成するほうが、多様な視点からの意見が出され、業務の効率化を追究することができる**ようでした。

演習後、グループワークの振り返りを行い、今後の仕事の進め方について各自に**「わたしのアクションプラン」**にまとめてもらいました。すると、やみくもに業務を進めるのではなく、

「仕事の軽重をつける」

「すきま時間にやること、授業後にやることのふりわけをしっかりする」

といった記述が数多く見られました。そして、学習会に参加した全員が、業務改善に対して前向きな記述をしていました。

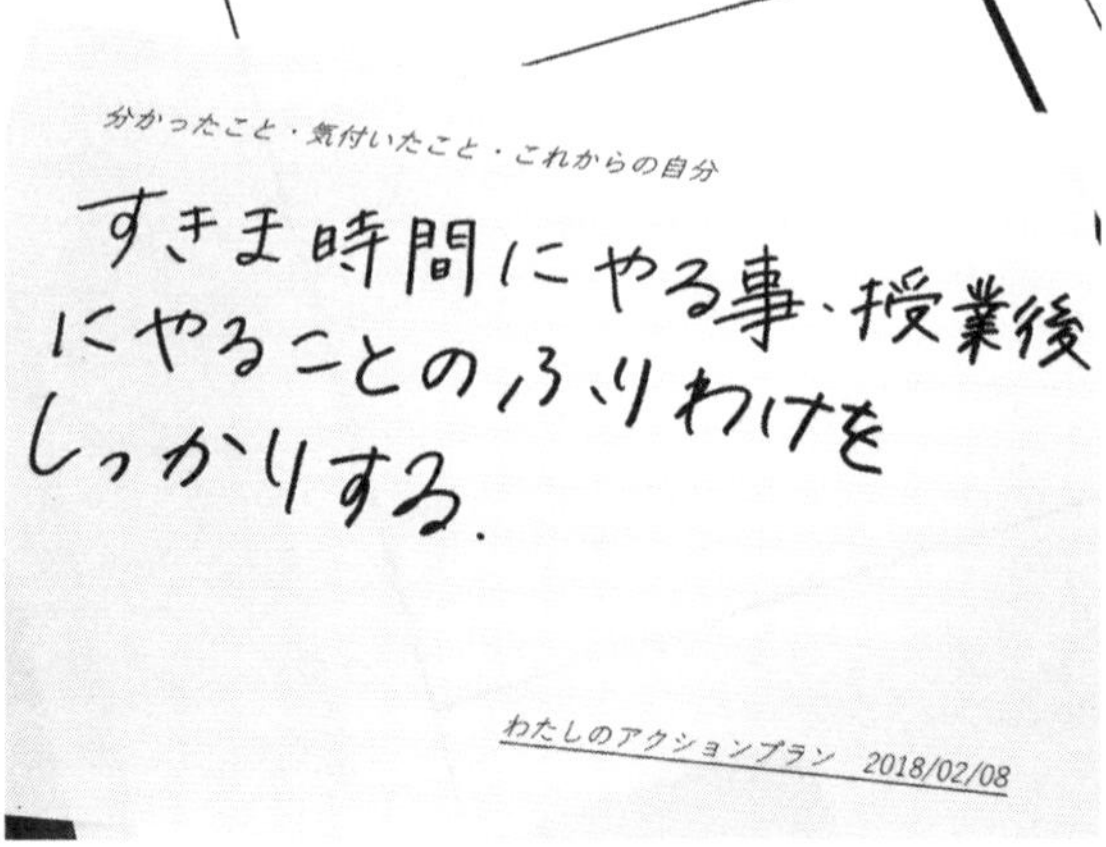
分かったこと・気付いたこと・これからの自分
すきま時間にやる事、授業後にやることのふりわけをしっかりする。
わたしのアクションプラン　2018/02/08

「わたしのアクションプラン」の記述

5 職員室の雰囲気を変えよう

早く帰ることに対して申し訳なさそうに退勤するママ先生。
言いづらそうに休暇を申請するベテラン先生。
職員室の雰囲気を変えなくては！

1 退勤しやすい雰囲気を高めよう

教頭だよりの発行、個人定時退校日の設定、タイムマネジメント・タスクマネジメント演習など、組織全体に向けた働き掛けを通して先生たちの意識改革を進めることが大切です。一方で、**一人一人に働き掛ける**ことも同じように大切だと考えています。一人一人が、それぞれの生活を大切にし、安心して働くことができるようにすることが、その先生の力を最大限発揮させることにつながり、子どもたちによい影響を及ぼすと考えるからです。

東築地小学校は職員の年齢層が比較的低く、特に部活動の指導に力を入れている先生が多数いました。1学期末から夏季休業に掛けて野球部やソフトボール部の大会が行われるのですが、大会に向けて練習にも力が入っていくようになります。授業終了後、4時頃から練習が始まり6時過ぎまで、顧問の先生たちは職員室に戻ってきません。

そのような中、勤務時間終了時刻になると、申し訳なさそうな表情で、

「すみません。そろそろ子どもを迎えに行かなくてはならない時間なので出させていただきます」

と言って退勤するベテランのH先生がいました。

指導力があり、業務も見通しをもって効率的に進め、若手からの信頼も大変厚い先生でした。勤務時間は過ぎているのですから、退勤することに何も障害はないのですが、若手を残して帰ることに、後ろめたさのようなものを感じていたようです。どんな立場にいる職員も、居づらさを感じながらの勤務では、仕事に対するモチベーションは上がらないだろうと考え、ある日、私は声を掛けました。

教　頭「先生、退勤するとき、すみませんとか申し訳ありませんって言うの、やめませんか？」

H先生「でも、残っている先生がいるのに、何か申し訳なくって…」

教　頭「先生は部活動ができなくても、それ以外の分野で力を発揮してくださっています。若手も頼りにしています。先生が早く帰る理由はみんな知っていますから。お子さんに手が掛かる時期が終わったら、同じような立場にある先生を助けてあげてください。ですから、すみませんと言って退勤することはやめましょう」

H先生「分かりました。これから言わないようにします」

その日から、H先生が「すみません」と言って退勤することはなくなりました。申し訳なさそうな表情をすることも、ずいぶん少なくなりました。

また、職員の年齢構成によっては、今後、出産休暇や育児休業を取得する職員が増加することが予想されている学校もあります。育児休業から職場に復帰した先生が、子育てをしながらでも、学校の子どもたちの指導に、十分に力を発揮することができるような職場環境を整えていくことは重要です。

東築地小学校も、その当時、産休や育休で職場を離れている先生が4人いました。その先生たちが復帰したときのことを考えると、H先生と同じ思いをしなくて済むような声掛けを続けていかなくてはと思いました。

そして、育休から復帰する先生には、

「育児時間や小学校就学未満の子を養育するための部分休業、勤務時間の割り振り申請などの制度を知っていますか?」

「保育園のお迎えは、何時に職場を離れれば間に合いますか?」

などと、こちらから声を掛けるようにしています。

全ての制度について頭に入っているわけではありませんから、尋ねられた際、詳しく答えることができるように、制度についてまとめられたハンドブックは、いつも手に取ることができる場所に常備しています。また、制度を利用する際には、その他の職員にも周知し、理解と協力を得られるようにしています。

どこの学校も、同じような課題を抱えていると思います。子育てをすることが障害にならないような職場づくりを進めるために、教頭から声を掛けることで退勤しやすい雰囲気を職員室に醸成していくことが重要です。

2 休暇・職免（職務専念義務免除）を取りやすい雰囲気を高めよう

育児休業から職場に復帰した先生にとって、休暇の残り日数は切実な問題です。保育園参観や親子遠足などの行事に参加するために休暇が必要だからです。

「お子さんの保育園から電話です」

と呼び出すと

「保育園でインフルエンザがはやっているんですよ。うつっちゃったかなあ。休暇の残り日数がだいぶ少なくなってきちゃって…」

と不安そうにつぶやく職員に、

「子の看護職免が取得できますよ。インフルエンザでしたら、念のため処方された薬の袋をもってきてください。お大事に」

と、私は声を掛けました。

自治体によって条件は違いますが「子の看護職免」は、予防接種や健康診断の受診、就学時健康診断などを理由に取得できますから、こういった制度を上手に使うように説明することにしています。また、そういう制度があることを先生自身が知っていることが、安心して働くことにつながるということも踏まえ、時間のあるときにハンドブックに目を通すように勧めています。こういった声掛けを繰り返したことにより、職員室内でハンドブックを見ながら、先生同士でどのような場合にどのような制度が利用できるかといったことを話し合う姿が見られるようになりました。

年次休暇の取得については、職員の権利ですから、管理職はその理由を問いただす必要はありません。しかし、どうして休暇を取る必要があるのかを知っておくことは、その先生がどんなことに困っているのかを理解することにつながり、休暇を取得する際に掛ける言葉の内容も変わってきます。**管理職に理由をきちんと伝えたくなるような関係を日頃から構築する**ことが大切だと思います。

「教頭先生、この日、子どもの授業参…」

「分かりました！　授業参観があるんですね。何時に職場を出れば間に合いますか？」

と若干フライング気味に応えると、笑顔になる職員が多いことから、休暇の申し出だなと感じたら、そのように応えるようにしています。

また、休暇取得の当日の朝には、

「先生、今日の授業参観、遅れないように出てくださいよ」

と、少し大きめの声で声掛けするようにしています。周りにいる先生が気づいて、

「授業参観、楽しみですね！」

と声を掛けるようになります。また、担任が休暇を取得した学級には、教務主任と相談しながら、補欠の先生を確実に配当します。場合によっては教頭が授業に入ることもあります。こういったことの積み重ねが、安心して休暇を取得できる雰囲気につながっていくのだと思います。

一方で、育児休業からの復帰後の先生のケア同様に、今後、それぞれの職場で課題となると考えられるのが、介護に関わることです。我が国の高齢化が急速に進んでいるのは周知のことですが、高齢者を支えるベテラン先生たちが親族の介護に関わることは避けては通れないと考えます。

I先生は、親族の介護に関することで出掛けることがよくあったのですが、やはり、H先生と同様、

「この日はどうしても出ないといけなくって…。迷惑掛けて申し訳ないです」

と表情を曇らせていました。介護に関わる制度はあるものの、I先生の場合は条件が当てはまらず、

「先生、介護は大事なことですから気になさらないでください」

と声を掛けるのが精一杯でした。

Ｉ先生は学年の先生の温かい協力もあり、厳しい状況を乗り越えたようでしたが、話を伺うと、やはり大変な状況であったことがよく分かりました。教員の家族の介護については、管理職として、今後、対応する機会が増えてくると思います。自治体によって違いはありますが、「介護休暇」や「介護時間」など様々な制度があります。置かれている状況をよく聞き取ったうえで、当てはまる場合は、積極的な利用を促したいです。

少子高齢化は今後も進み、深刻な問題となることが予想されている中で、子育て世代の先生や、介護を抱える先生が、先生を続けることができなくなってしまうとしたら大変な問題だと思います。子育てや介護に関わる制度の充実が待たれるところです。

また、制度の充実を待たずに、職員同士が互いをフォローし合い、退勤しやすい雰囲気、休暇や職免を取りやすい雰囲気をつくることが大切だと思います。そのロールモデルとなるため、管理職の職員室内での言動は、常に困っている先生の立場に立ったものでありたいと考えています。

6 保護者・地域の意識にも働き掛けよう

学校が変わることを保護者は認めてくれるのだろうか？
先生が働き方を変えることを地域は認めてくれるのだろうか？
保護者・地域にも働き掛けていくことも大切です。

1 保護者・地域の認識を変えよう

「私が小さい頃の先生は…」「当時の学校の様子は…」といった、学校に対する固定化されたイメージをもっているのが保護者や地域住民で、その認識をどのように変えていくのかも大きな課題でした。

そんなとき、いつも頼りになったのがＰＴＡ実行委員のみなさんでした。東築地小学校ＰＴＡはとても自立した組織で、実行委員は、学校内外の行事や当番活動において中心となって活躍してくださっていました。

特に母親代表を務めていたＯさんと副会長のＡさんは、いつも親身になって話を聞いてくださいました。教頭からは折に触れて、次のことを伝えていました。

- ２０２０年から小学校では新学習指導要領が本格実施されて、授業時間数が増えること、それに伴い職員自身が研修する時間が必要になること
- 中央教育審議会では、教員の働き方改革について審議されており、教員の労働時間に上限規制が掛かりそうなこと
- 東築地小学校でも、職員の長時間労働の実態は深刻であること
- 本格的に業務改善・業務整理をしていく必要があること

Ａさん「先生たちは働き過ぎだよ。本来、保護者がやらないといけないことまでやっていると思う。きちんと線引きしないと」

Ｏさん　「子どものためにやってもらいたいことはあるけれど、今までどおりでは難しいということですね」

など、学校の現状について理解していただくことができました。

また、職員会議で提案した業務整理・業務改善案（日課表や週間課程表が変更となることなど）についても、全保護者に伝える前にＰＴＡ実行委員会の場で知らせました。日課表の変更については、子どもの習い事に通う時間や保護者の過ごし方にも影響が出るため、保護者の中で話題になることが予想されました。そのような話題が出た場合は、業務整理・業務改善についての学校としての意図が正しく伝わるようにお話しいただくよう依頼しました。快く「分かりました」と返答して、協力しようとしてくださっている姿に、ＰＴＡ役員と教頭が、普段からコミュニケーションを取り、学校運営について相談できる関係をつくっていくことが大切であることを実感することができました。

それから、学区連絡協議会会長のＭさんにも大変お世話になりました。

毎月、学区連絡協議会では、学区内の自治会長や関係諸団体の代表者が集まり、議題に沿って話し合いが行われます。ＰＴＡ会長と教頭は、小学校の代表として参加します。Ｍさんはいつも協議会で、

「下校してから、地域で子どもが起こした問題は、保護者や地域の責任で解決しないといけない。学校に電話連絡しないこと」

とおっしゃってくださいました。学校としては本当に頼りになる存在でした。

Mさんには、子どもが安心して地域で過ごすための環境整備や、安全に登下校するための見守り活動について相談していましたが、PTA実行委員同様、「教員の長時間労働の問題、新学習指導要領実施のこと、学校の働き方改革のこと」についても伝えていました。

ある日の学区連絡協議会では、

「学校も働き方改革を進めないと、非常に厳しい状況となっている。地域でできることはしっかりと協力をしていきたい」

と話してくださいました。そのような話を聞いている自治会長さんたちからは、来賓として行事にお越しいただいた際、子どもたちだけでなく先生の姿についても見てくださり、

「東築地小の先生たちは本当に頑張っているよ」

「先生たちが一生懸命だから、私たちも登校の様子をしっかり見守りますよ」

などと温かい言葉を掛けていただくことができました。

地域との連携も、学校の働き方改革を進めるうえで欠かせないことであると感じました。

これまで述べたような意識改革に関わる取り組みによって表れた変化は、以下の表のとおりです。

1学期は、月80時間以上の勤務時間外労働者が、在籍する職員の3割を超える月もあり、5月には1人1日当たりの勤務時間外在校時間が3・54時間になるなど長時間労働の実態は深刻な状況でした。

しかし、2学期終盤の11月から教頭だよりを発行して「学校の働き方改革」について啓発したり、個人定時退校日の取り組みや校内学習会を実施したりするなど働き掛け続けた結果、**3学期には80時間以上の勤務時間外労働者は0人になりました。**また、2月には**1人1日当たりの勤務時間外在校時間が1・96時間と2時間を切り、**大幅な改善が見られるようになりました。

「教頭だより」でこの結果を職員に知らせると、

「おおっー!」

取り組みを通して表れた変化

	1人1日当たりの勤務時間外在校時間	月80時間以上の勤務時間外労働者（28人中）
4月	3.38時間	9人（32%）
5月	3.54時間	10人（36%）
6月	2.89時間	7人（25%）
取り組み後		
11月	3.19時間	5人（18%）
12月	2.39時間	0人（ 0%）
1月	2.20時間	0人（ 0%）
2月	1.96時間	0人（ 0%）
3月	2.13時間	0人（ 0%）

業務整理
業務改善案提案

教頭だより発行

個人定時退校
申告準備スタート

校内学習会実施

「やってみるとできるもんだなぁ」

などと驚きの声があがりました。意識改革が大きく進んだことを全職員で実感することができました。

また、10月末に職員会議で提案した業務整理・業務改善案も、より具体的なものを示しながら、12月と1月の職員会議で議論を重ねました。日課表や週間課程表の変更についても決定することができ、新1年生の入学説明会に間に合わせることができました。このことも、先生たちの意識改革につながったように思います。

「学校の働き方改革」を進めるためには、やはり管理職が理想を語り続け、改革を成功させるのだという覚悟をもつことが大切であると実感することができました。

さて、平成29年度、大幅に意識改革が進んだ東築地小学校で、平成30年度、業務整理・業務改善がどのように進んでいったのか。第3章では、その具体例を示していきます。

第3章

ボトムアップで実現する職員室の業務改善

1 業務整理・業務改善のためのチームをつくろう

学校の働き方改革における「意識改革」は大きく進んだ。
次はいよいよ業務整理・業務改善。
まずは一人一人の思いを把握し、生かせる仕組みづくりから！

1 業務改善・業務整理の仕組みづくりは三役（校長・教頭・教務主任）で

平成29年度中に、東築地小学校の職員の、学校の働き方改革における「意識改革」は大きく進みました。また、平成30年度から始める業務整理・業務改善の案も数回の職員会議を経て決めることができました。

平成30年度からは、具体的な業務整理・業務改善を行っていくわけですが、それらを成功させるためには、校内で推進していくための仕組みづくりが大切です。

そこで、まず、働き方改革のための特別委員会「働き方改革推進委員会」を立ち上げることにしました。また、校務分掌表を大きく改編し、チームで業務内容を見直すことができるようにしました。

このような学校運営全体に関係する仕組みづくりについては、平成29年度の3学期早々に、校長先生と相談しながら、教頭が組織図の原案をつくり、1月と2月に三役会で検討を重ねました。年度末に、次年度の人事がほぼ確定したところで、正式な組織図にまとめ、30年度はじめに、校長先生から全職員に委嘱をしました。

2 職員の働き方改革に対する思いは「働き方改革推進委員会」で把握を

「働き方改革推進委員会」には三役に加え、教諭のY先生とH先生に参加していただくことにしました。

Y先生は、東築地小学校に7年在籍しており、経験豊富なベテランです。安定した学年・学級経営で、同僚からだけでなく保護者からの信頼も絶大なものがありました。校内の精神的な支柱として活躍しており、若手職員もよく助言を求めていました。

H先生は、子育て真っ最中の先生です。日頃から勤務時間内に効率よく業務を進めようと心掛けており、出産休暇に入ろうとしている先生、育児休業から復帰した先生は、その働き方を参考にしているようでした。

この二人に働き方改革推進委員を委嘱したのは、

- 管理職が気づくことができない、「学校の働き方改革」に対する担任の思いや考えを把握してほしい。
- 勤務時間内に業務を終えることができるよう、「業務量の適正化」を図るために、担任の業務の進捗状況を教えてほしい。

という考えがあったからです。

「働き方改革推進委員会」は夏季休業中と冬季休業中に開催しました。学期中に実施した業務整理・業務改善の取り組みを振り返り、成果と課題を明らかにするとともに、課題を解決するための方策を話し合う場としました。

後述しますが、Y先生とH先生の委員会での発言は、他の職員の考えを反映したもので、大変参考になりました。また、管理職が気づくことができない若手職員の実態についても把握することにつながり、以降の取り組みに大きな影響を与えることになりました。

3 担当者の思いや考えを生かせる校務分掌へ

各学校には、校内の業務を誰が担当するのかが分かる「校務分掌表」があります。一般的な校務分掌表は、学習指導や生徒指導などの大きな項目から枝分かれして、細分化された業務に担当者が割り振られるといった形になっているものが多いようです。

すると、細分化された業務の担当者に責任が集中することになり、経験が少ない担当者は例年どおりの取り組みのみとなってしまうことがあります。また、そのような場合、相談する相手は教務主任となる場合が多く、教務主任の業務が膨大になることがあります。担当業務の内容を見直したり、改善したりして新たな提案をするためには、ベテランと若手、あるいは中堅と若手といったグループを組んで、責任を分散させて対応する必要があります。そこで、次の例のように校務分掌表を大きく見直すことにしました。

29年度　校務分掌表（一部抜粋）

生徒指導部（A先生）
- 教育相談……B先生・A先生
- 生活指導……A先生・C先生
- 分団指導……D先生・E先生
- 美化指導……E先生・D先生

29年度までは，チャート形式で表され，各担当に校務分掌が委嘱されていた。

30年度　校務分掌表（一部抜粋）

生徒指導部（A先生）	生徒指導	校内生徒指導	A先生
		校外生徒指導	B先生
		特別支援コーディネーター	F先生
		子ども応援委員会コーディネーター	F先生
	教育相談	児童教育相談	C先生 D先生
		就学相談	F先生
	環境美化	清掃指導	E先生 G先生
		掲示	H先生

30年度からは，表のように校務分掌が委嘱され，生活指導部としてA～H先生がグループで業務にあたるようにした。

このように校務分掌表を見直すことで、次のような効果を期待しました。

- チームやグループで業務に携わるようにすることで、一部の職員に業務が集中することを避けることができる。
- 協働して業務に対応する意識が高まり、業務の効率化が図られる。
- ベテランや中堅の経験、若手の柔軟な発想により、形骸化している業務を見直すことができる。
- チームやグループに業務の責任と権限を委ね、職員会議などでの提案を省略することで決裁までの時間を短縮し、短期間で業務改善が図れるようにする。

以上の考えのもと、校内組織を整備し、30年度をスタートしました。

2
余白を生み出そう

まずは業務整理・業務改善の第一歩。
時間的な余白を生み出して、教材研究・事務処理時間の確保を。
効果を実感することが、次の業務整理・業務改善への意欲を高める。

ここからは、30年度の東築地小学校での業務整理・業務改善の具体例を成果と課題に分けて示していきます。また、関連する業務整理・業務改善については、31年度に着任した矢田小学校での取り組みも紹介していきます。読者の皆様が、学校で「働き方改革」に取り組まれる際のヒントになればと願っています。

まずは1学期から夏季休業中の取り組みについて紹介します。

1 日課表を見直そう

職員が教材研究や事務処理の時間を確保するための一番の方法は、日課表を見直すことです。子どもが校内にいる状況では子どもに対応せざるを得ないので、下校時刻を早める必要があります。下校時刻を早める方法には、次の三つがあります。

❶ 業前の集会（全校朝会・児童集会など）の時間を短縮・移動する。
❷ 始業時刻を早める。
❸ 休み時間を短縮する。

東築地小学校では、子どもの下校時刻を早めるために、具体的には1時間目の開始を8時50分から8時40分に早めたり、2時間目の休み時間を20分から15分に短縮したりしました。その結果、6時間目終了時刻は3時25分から3時5分に早めることができました。

日課表の変更は、下校時刻の繰り上げが目的ですが、子どもの下校後の生活に大きな影響を及ぼします。そこで、保護者・地域への事前の周知が必須となります。変更する場合には、前年度に行われる新1年生向けの入学説明会（1月に実施される学校が多いと思います）にはお知らせできるよう、校内で検討を進める必要があります。

　また、自校調理方式を取り入れている学校では、給食の開始時刻も早まりますから、調理員との事前の打ち合わせも必要です。東築地小学校は、児童数に対して調理員の数が少なく厳しい状況でしたが、「新学習指導要領の実施による業務の増加」や「教員の働き方改革の必要性」について丁寧に説明したところ、理解していただくことができました。大変な業務であるにもかかわらず、給食開始時刻の繰り上げについて快く引き受けてくださり、ありがたかったことを覚えています。

　31年度に着任した矢田小学校でも、すぐに日課表の見直しを提案しました。令和2年度に間に合わせることができるように急ピッチで準備を進めました。

　令和2年度からは、3、4年生では外国語活動の、5、6年生では外国語科の時間数が増えますから、授業時間後の会議・打ち合わせ、教材研究や事務処理の時間の確保が難しくなります。日課表の見直しは避けては通れないと考えます。みなさんの学校では、日課表の見直しは進んでいるでしょうか？

これは、東築地小学校の職員に、1学期末に「日課表の変更」について尋ねたアンケートの結果です。おおむね好意的に受け止められています。しかし、前年度までの日課表に慣れ親しんでいる一部の職員の意識は、変えていく必要があります。

Q　日課表の変更により事務処理のための時間を確保することができましたか？（人）

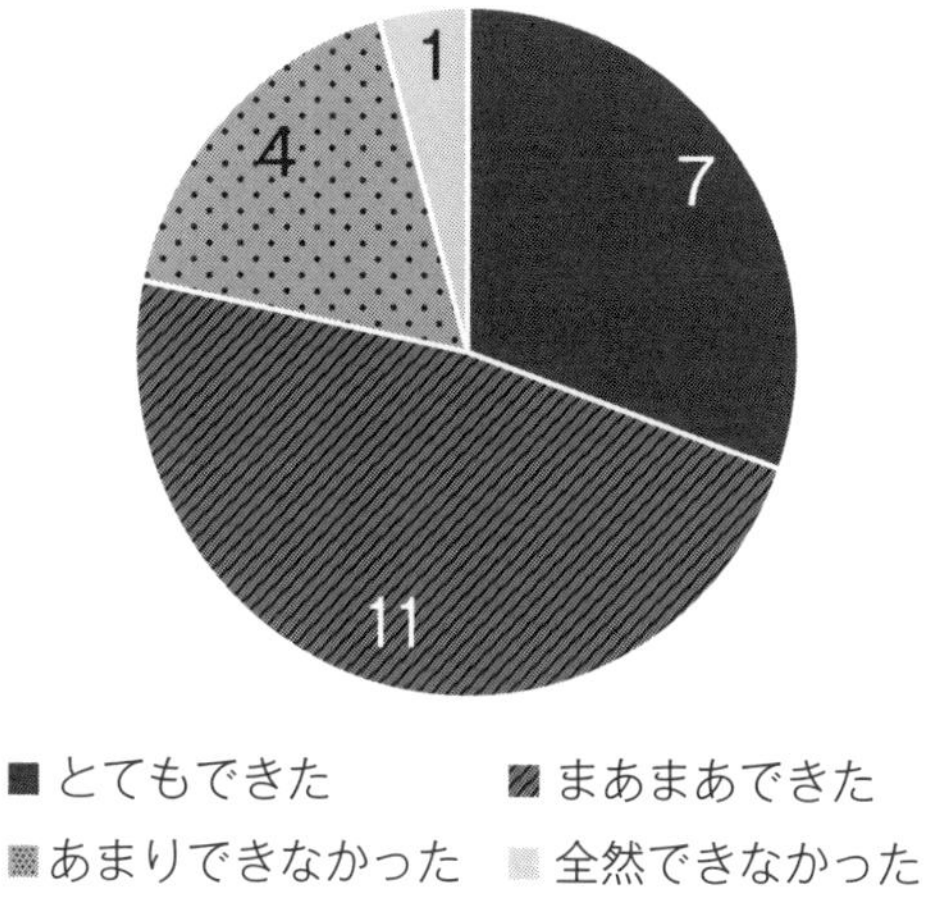
7
11
4
1
とてもできた
まあまあできた
あまりできなかった
全然できなかった

● **成果**

日課表を変更し、子どもの下校時刻を早めると、授業後の教材研究・事務処理の時間が確保できるようになった。

● **課題**

休み時間が短縮されるようになり、不満をもつ子どもが見られた。

（東築地小学校では、月に2回、清掃時間をなくし「スペシャル放課」を実施することで、不満を解消することができました）

2 通知表の書式を見直そう

29年度の6月、東築地小学校の1人1日当たりの勤務時間外在校時間は、平均で2・89時間となっていました。分析をしたところ、学期末に長時間労働の主な原因となっていた業務は、通知表の作成でした。

そこで、三役で通知表の書式の見直しをすることにしました。すると、通知表に記載されている「健康欄」は、毎学期、子どもに渡している「成長のあゆみ」と内容が重複していることが分かりました。

所見については、授業後に長い時間を取って2~3行の文章を考え、三役の決裁を通して訂正し完成させていました。しかし、それよりも、**きちんと勤務時間内に個人懇談会を設定し、保護者に、学期中の子どもの成長や今後の課題を丁寧に伝えたほうが、意義があること**だと判断しました。そこで、通知表については以下のようにしました。

- 1・2学期の所見欄は削除する（成果や課題は個人懇談会で伝える）。
- 健康欄は削除する。

また、学期ごとに新しい通知表を渡し、回収することはしません。保護者に確認印をもらい回収している学校もあると聞きます。通知表については、その形式については学校長判断で学校ごとに決めてよいものです。職員の事務負担軽減のため、その形式や渡し方などは、各校で検討する価値があるのではないでしょうか？

Q　通知表の書式の変更は事務負担の軽減につながりましたか？（人）

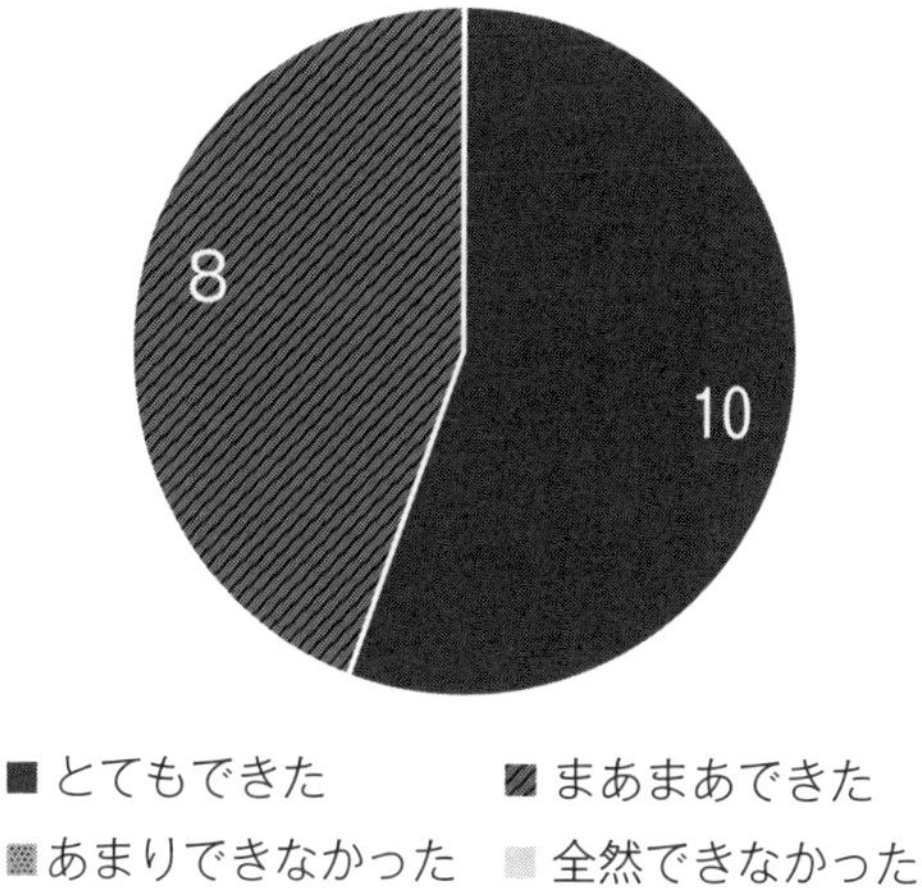
8
10
■とてもできた
■まあまあできた
■あまりできなかった
■全然できなかった

●成果

通知表の書式を見直し、記載事項を精選すると、担任全員の事務負担を軽減することができた。

●課題

個人懇談会で、子どもの成長や今後の課題について、保護者に説明することができるよう、事前に準備しておく必要がある。

3 会議の実施方法を見直そう

29年度、職員会議が1時間を超えることも多く、その実施方法を見直すことも課題となっていました。職員会議に時間が掛かる原因は、レジュメが前日に配付され、職員が提案内容を理解しないまま職員会議に臨んでいることだと考えられました。また、提案者が提案物をそのまま読み上げることも長時間化の一因となっていました。そこで、職員会議を実施するまでの日程を次のように示しました。

職員会議に臨むまで

❶ 職員会議の提案物は各担当が職員会議の3週間前までに教務主任に提出する。
❷ 提案物を三役で点検し、各担当は必要があれば訂正をして、職員会議の2週間前までに教務主任に提出する。
❸ 教務主任は、各担当から提出された提案を印刷し、希望する職員に、職員会議の1週間前までに配付する（不要な職員はサーバー内のデータを読んでおく）。
❹ 職員は、職員会議までにレジュメに目を通し、疑問点を明確にしておく。

また、職員会議への臨み方について次のように決めました。

職員会議でのきまり

❶ 開始時刻は厳守する。
❷ 担当は協議事項についてのみ説明する（確認事項は読み上げない）。
❸ 職員は、事前に明確にしておいた疑問点について質問する。

以上の「職員会議までの日程」や「職員会議でのきまり」を守ることで、**1時間を超えることがよくあった職員会議を、45分以内で終えることができるようになりました。**

さらに、職員会議よりも時間が掛かっていたのが、生活指導連絡会でした。生活指導上、配慮を要する子どもについて共通理解を図るための会で、大変重要な会議でした。しかし、その資料を作成するのが大変なのです。

毎月、生活指導連絡会が実施される前になると、担任は、生活指導上配慮を要する事項について、該当児童を指導した記録を所定の用紙にまとめ、生活指導主任に提出します。生活指導主任は、提出された用紙を取りまとめ、増刷りして全職員に配付します。

この方法には、いくつかの課題がありました。

❶ 月ごと、学級ごとに資料が作成されるため、配慮を要する子どもごとに資料が累積されていかない。
❷ 該当児童について指導が必要になった際、資料を検索するのに時間が掛かる。
❸ 資料を取りまとめる生徒指導主任の負担が大きい。
❹ 個人情報に関わる資料なので、増刷りすることにより管理が行き届かなくなる可能性が高まる。

そこで、**コンピューターのサーバー内に、生徒指導上配慮が必要な事項を記録できる「個人カルテ」を作成し、情報を一括で管理することにしました。**この方法の優れた点は以下のとおりです。

❶ 配慮を要する子どもごとに指導内容が累積されていくので、すぐに検索できる。
❷ サーバー内で情報を一括管理するので、生徒指導主任の負担はなくなる。

担任が、個人で所有するノートに指導内容を記録していることは多いと聞きます。しかし、これではその担任が異動してしまったときに、大切な情報が引き継がれないという危険性があります。これは避けなければなりません。この「個人カルテ」により、配慮を要する子どもの情報を管理する方法に変更して、担任は記録を全て「個人カルテ」に入力するようになりました。

生活指導連絡会についても、各職員の机上のノートパソコンで「個人カルテ」を見ながらの報告となったので、**指導の経過がよく分かるようになっただけでなく、連絡会の時間の短縮にもつながりました。**

さらに、短縮した時間を有効に活用した取り組みも行われるようになりました。生活指導部会に属している教育相談担当のK先生の提案で、**生活指導連絡会の時間内に、特に指導に配慮を要する子どものケース会議を開くようにした**のです。

経験の浅い職員は、生活指導連絡会では指導の方法について話し合ったり、助言がもらえたりすることを期待していたようですが、指導の報告にほとんどの時間を費やしてしまっていたという実態があったのです。K先生は、教育相談担当者研修会で学んだことを生かせないかと生活指導部会で相談し、ケース会議の実施を提案してくださいました。

「個人カルテ」には生活指導上，配慮を要する内容について記録していきます。

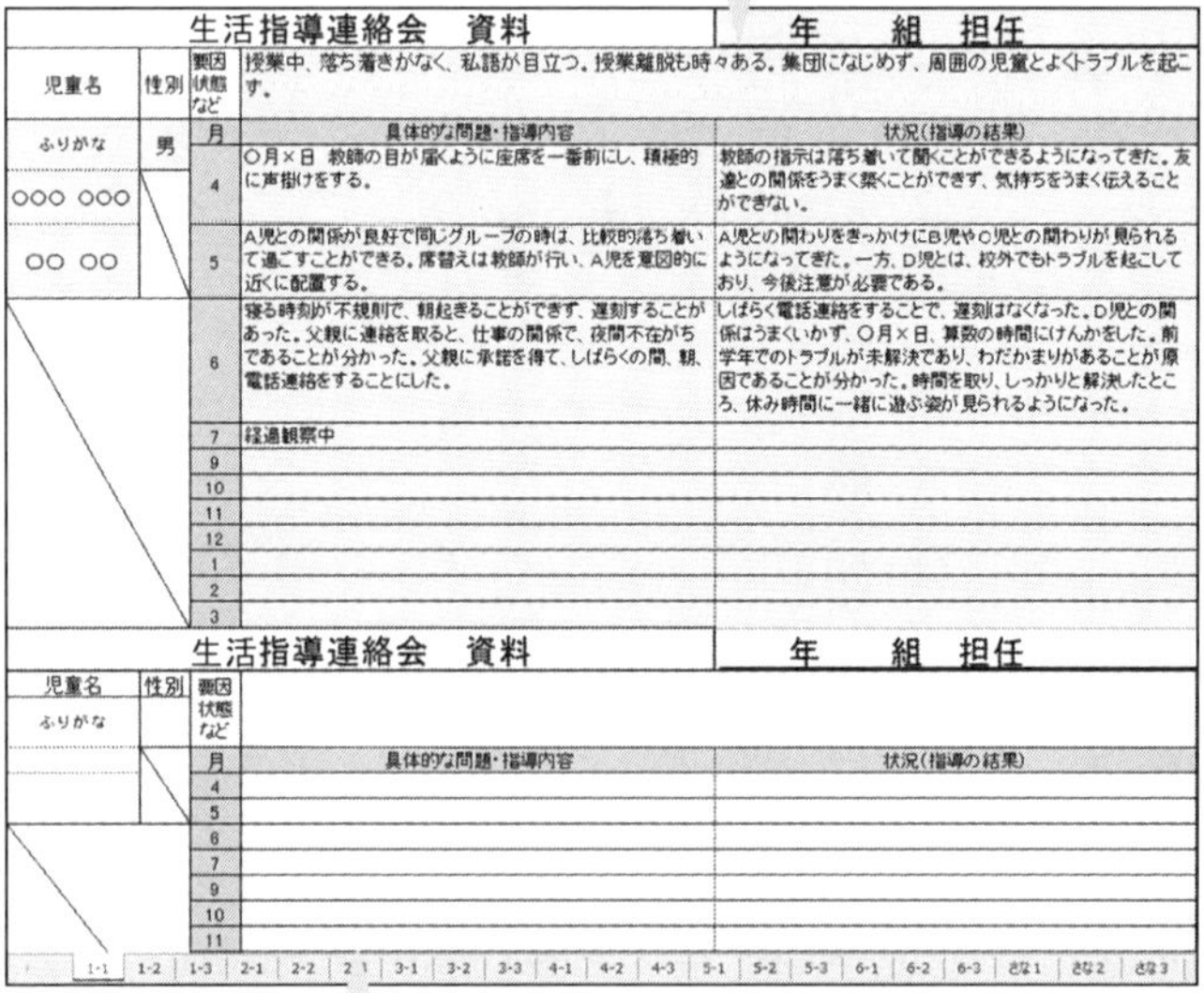

生活指導連絡会　資料				年　　組　担任
児童名	性別	要因状態など	授業中、落ち着きがなく、私語が目立つ。授業離脱も時々ある。集団になじめず、周囲の児童とよくトラブルを起こす。	
ふりがな	男	月	具体的な問題・指導内容	状況（指導の結果）
○○○ ○○○		4	○月×日　教師の目が届くように座席を一番前にし、積極的に声掛けをする。	教師の指示は落ち着いて聞くことができるようになってきた。友達との関係をうまく築くことができず、気持ちをうまく伝えることができない。
○○ ○○		5	A児との関係が良好で同じグループの時は、比較的落ち着いて過ごすことができる。席替えは教師が行い、A児を意図的に近くに配置する。	A児との関わりをきっかけにB児やC児との関わりが見られるようになってきた。一方、D児とは、校外でもトラブルを起こしており、今後注意が必要である。
		6	寝る時刻が不規則で、朝起きることができず、遅刻することがあった。父親に連絡を取ると、仕事の関係で、夜間不在がちであることが分かった。父親に承諾を得て、しばらくの間、朝、電話連絡をすることにした。	しばらく電話連絡をすることで、遅刻はなくなった。D児との関係はうまくいかず、○月×日、算数の時間にけんかをした。前学年でのトラブルが未解決であり、わだかまりがあることが原因であることが分かった。時間を取り、しっかりと解決したところ、休み時間に一緒に遊ぶ姿が見られるようになった。
		7	経過観察中	
		9		
		10		
		11		
		12		
		1		
		2		
		3		

生活指導連絡会　資料				年　　組　担任
児童名	性別	要因状態など		
ふりがな				
		月	具体的な問題・指導内容	状況（指導の結果）
		4		
		5		
		6		
		7		
		9		
		10		
		11		

1-1 | 1-2 | 1-3 | 2-1 | 2-2 | 2 1 | 3-1 | 3-2 | 3-3 | 4-1 | 4-2 | 4-3 | 5-1 | 5-2 | 5-3 | 6-1 | 6-2 | 6-3 | さな1 | さな2 | さな3

- 「個人カルテ」はサーバー内で一括管理しており，職員は閲覧できるようになっています。
- タブで学級ごとに分類されています。
- 生活指導連絡会では，この画面を見ながら報告し，必要に応じてケース会議を開きます。

ケース会議を開くようになって、配慮を要する子どもに関わる課題を解決しようと、多くの職員が主体的に話し合いに参加するようになりました。全職員で該当児童を見守っていこうという雰囲気が高まっただけでなく、若手職員にとっては生徒指導の方法について学ぶことができる貴重な時間となったようでした。さらに、管理職も配慮を要する子どもの学級での様子がよく分かるようになり、スムーズに専門機関との連携を取ることができるようになりました。

ＩＣＴ化については、できることから少しずつでも工夫していくと、大きな成果を得ることにつながります。みなさんの学校でもチャレンジしてみてはいかがでしょうか？

成果

● 職員会議の資料をＰＤＦ化して印刷の手間を減らすこと、生活指導の記録を「個人カルテ」としてサーバー内で管理し、生活指導連絡会で活用することなど、電子化を進めていくと、時間的な余裕ができるだけでなく、新たな取り組みを始めることもできた。

課題

● 会議の実施方法については、職員に習慣として定着させることが重要である。そのためには、変更後しばらくは声掛けしていくなど、確認しながら進める必要がある。

4 チャイムと留守番電話機能の活用で時間を意識できる仕組みをつくろう

職員室にいると、業務に集中している職員からは、

「あ！　もうこんな時間だ」

「しまった！　○○さんの家に電話しないといけなかったんだ」

という声が聞こえてくることがよくあります。あまりの業務の多さに、時を忘れるといったところでしょうか。しかし、重要な電話は忘れずに掛けてほしいですし、もう少し、時間を意識して働いてほしいなとも思います。

そこで、**まずチャイムを活用することにしました。チャイムを鳴らす時刻は、5時と6時です。**5時のチャイムを聞いたら「勤務時間を過ぎたな」、6時のチャイムを聞いたら「そろそろ終わりを意識しないと」と考えてほしいからです。チャイムシステムはどこの学校にも入っていますから、初期投資0円で始めることができます。1学期のはじめから、早速、5時と6時にチャイムを鳴らすようにしました。その結果、アンケートにより、1学期末には、職員の意識は次のように変化していることが分かりました。

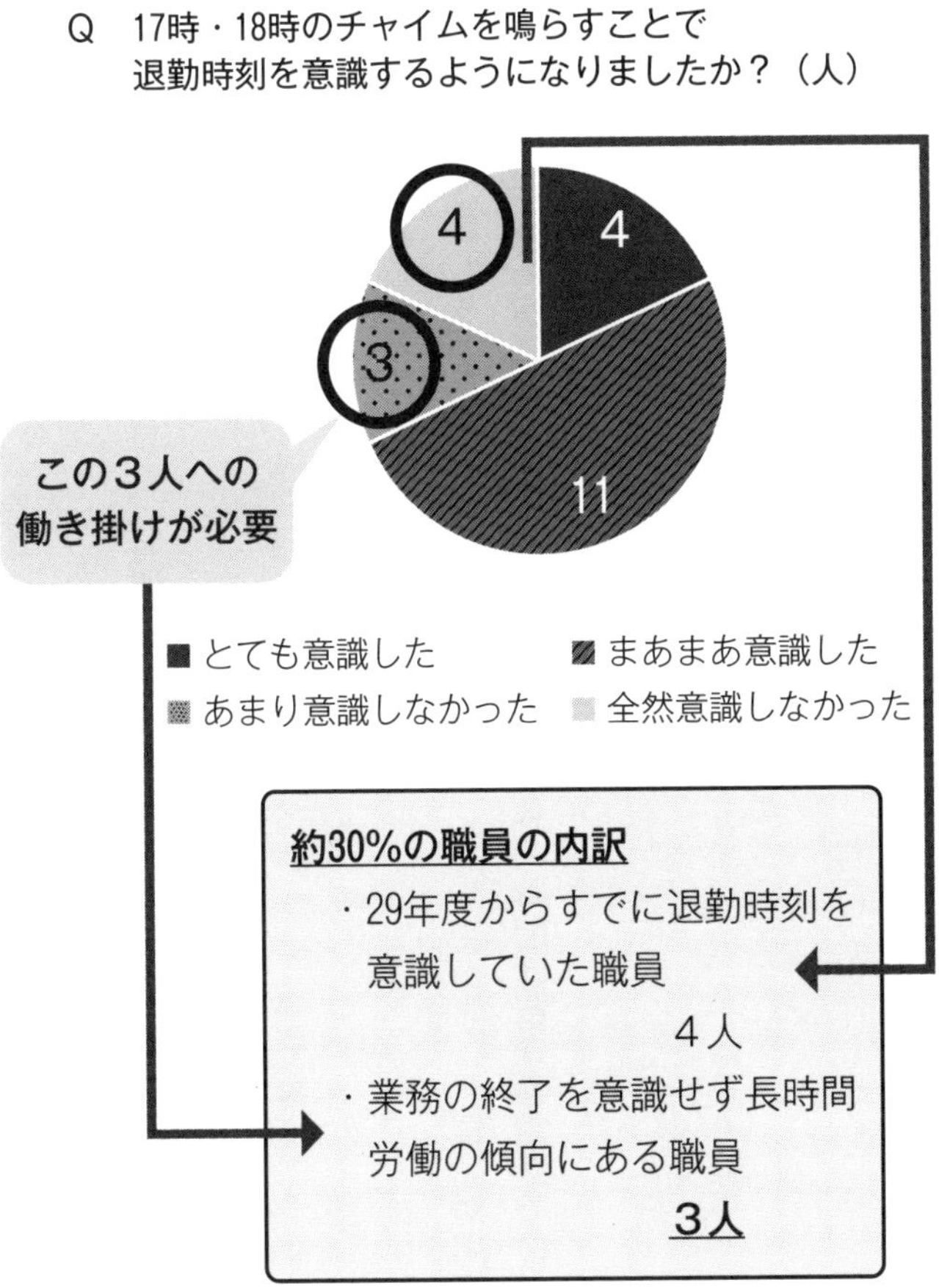
Q　17時・18時のチャイムを鳴らすことで
退勤時刻を意識するようになりましたか？（人）
4
4
3
11
この３人への
働き掛けが必要
とても意識した
まあまあ意識した
あまり意識しなかった
全然意識しなかった
約30%の職員の内訳
・29年度からすでに退勤時刻を意識していた職員
4人
・業務の終了を意識せず長時間労働の傾向にある職員
3人

チャイムを鳴らしても退勤時刻を意識できない職員が約30％いることが分かりました。しかし、内訳を見ると、前年度から退勤時刻を意識しているのでチャイムをことさら意識することはなかった4人の職員と、時間を意識せず無定量に働き続ける3人の職員に分けられることが分かりました。

日課表を変更し、子どもの下校時刻を繰り上げたのですから、子どもの下校後は、教材研究や事務処理に集中して取り組んでほしいと考えています。しかし、29年度は、夜8時を過ぎても電話対応に追われる先生たちの姿をよく見掛けました。いくら子どものためとは言え、健康を害してしまったら元も子もないと考え、30年度からは、**電話対応や来客対応の時間を朝7時半から夕方6時までと決め、それ以外の時間は留守番電話での対応とすることにしました。**

留守番電話導入後、しばらくの期間は、6時以降も電話が鳴ることがありましたが、時が経つにつれて対応時間も保護者に浸透するようになりました。1か月も経つと、朝、留守番電話機能を解除しても、メッセージが残っていることはほとんどなくなりました。また、電話対応や来客対応の時間を制限したことに対する苦情は1件もありませんでした。

留守番電話を導入したことによって、次のような効果が見られました。

全ての職員が、**留守番電話を設定することにより、業務に集中して取り組むことができるようになった**と答えています。自治体によってはすでに全ての小中学校で、決められた時刻になると、一斉に留守番電話に切り替わるシステムを導入しているところもあると聞きます。まだ導入していない学校については検討してみてもよいのではないでしょうか？

Q　留守番電話を設定することにより業務に集中して取り組むことができましたか？（人）

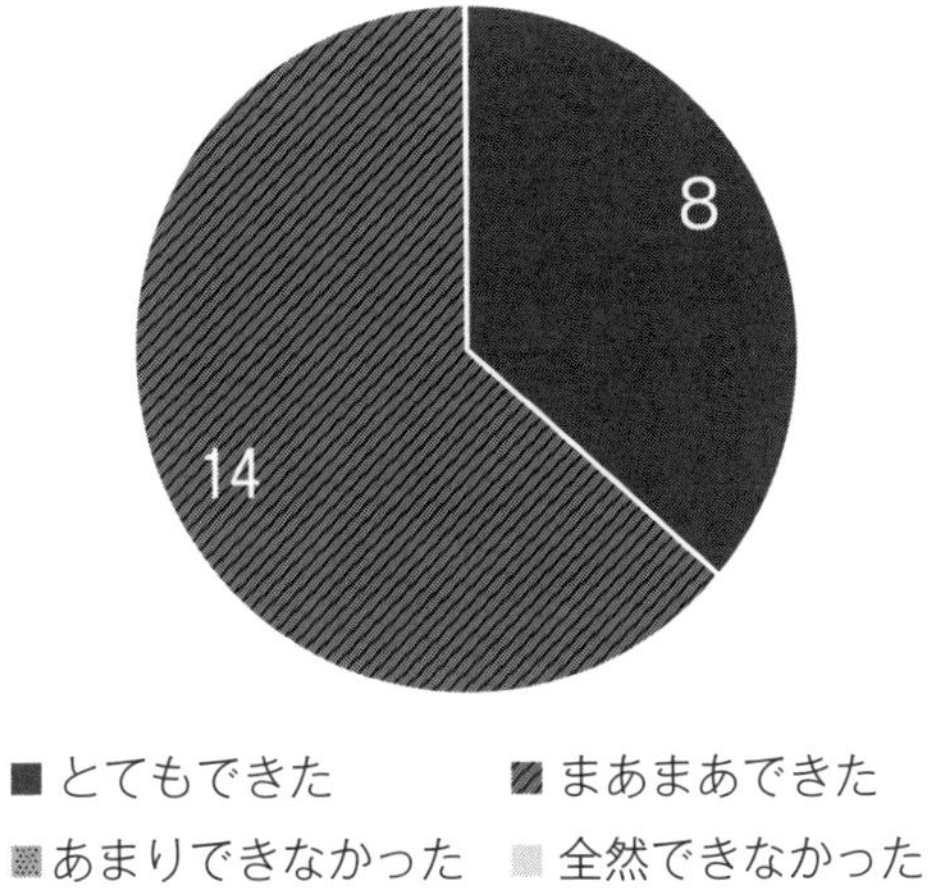
8
14
とてもできた
まあまあできた
あまりできなかった
全然できなかった

成果

● 留守番電話の導入は、職員が業務に集中して取り組むことを可能とし、業務効率を高めることができた。

課題

● 時間を意識せずに無定量に働き続ける職員への働き掛け方を考える必要がある。

5 集金業務から教員を解放しよう

自治体によって取り扱い方は違いますが、名古屋市では、教材費や給食費を各家庭の銀行口座から引き落とし、学校の銀行口座を経由して、業者や給食協会に納入しています。この業務を担当しているのは、校内の会計担当者（校務分掌として教員が担当していることが多い）です。残高不足などの理由で未納が発生した場合は、会計担当者の指示により担任が各家庭より未納金を現金で徴収し、会計担当者が学校の銀行口座に入金後、業者や給食協会に納入することが、本市では一般的です。

お金を扱う業務は事故があってはいけませんから、細心の注意を要します。給食費などについては、すでに学校が取り扱わないで、自治体が対応しているところもあるとよく耳にしますが、現状、本市ではそのような仕組みが整っていません。集金業務が、教員の手から離れるように改善を望みたいところです。

しかし、仕組みが整うことを待っていては、業務改善は進みませんから、できるところから着手することにしました。それは、**高学年で行われる野外学習や修学旅行などの宿泊行事の写真販売の方法を変えること**です。

名古屋市内の多くの学校では、野外学習や修学旅行で撮影された写真は、次のような手順で販売されます。

❶ 野外学習や修学旅行後、業者が見本の写真を印刷して学校に届ける。
❷ 該当学年は、販売に不適切な写真がないか点検後、校内（廊下や空き教室）に掲示する。
❸ 担任は各家庭に写真注文用封筒を配付し、保護者は決められた期間内に写真を見にきて、現金を添えて注文をする。
❹ 担任は写真注文用封筒を回収し、業者に手渡す。
❺ 業者は写真注文用封筒に、現像した写真を封入して、学校に納品する。
❻ 担任は納品された写真を、子どもを通して保護者に渡す。

この方法は、授業時間数の多い高学年担任には、負担の大きい業務です。まず、見本写真の掲示に時間が取られますし、見本写真の掲示期間中には、写真の破損や紛失がないか、定期的に点検しなくてはなりません。また、写真の注文のために、子どもが現金をもって登校してきますから、事故が起こらないように配慮が必要となります。さらに、保護者も決められた期間内に学校を訪れ、見本の写真を見なくてはなりませんから、時間を取ることになります。

そこで、業者と相談をして、次のような方法に変更することにしました。

❶ 野外学習や修学旅行後、業者が見本の写真をインターネット上に公開する。
❷ 担任は、業者が準備した「写真販売のお知らせ」と「振り込み用紙」を各家庭に配付する。
❸ 保護者は決められた期間内に、各家庭のコンピューターやスマートフォンなどから写真を閲覧・注文し、振り込み用紙を使って、コンビニエンスストアなどから代金を振り込む。（閲覧にはパスワードが必要）
❹ インターネット環境が整っていない家庭については、業者が学校に端末を持ち込み、決められた日に学校で、業者対応により保護者が注文する。
❺ 担任は納品された写真を、子どもを通して保護者に渡す。

この写真販売の方法の変更は、担任だけでなく保護者からも大変好評でした。最近は、インターネットを活用して写真販売を行っている業者が増えてきているようで、すでにこのような仕組みを整えている学校もあるかと思います。しかし、まだ仕組みが整っていないようでしたら、教員を集金業務から解放するために、また保護者の負担を軽減するために、みなさんの学校でも業者と相談をして、仕組みを整えていくことを強くお勧めします。

成果

- 見本の写真を、担任が掲示・管理する必要がなくなった。また、写真販売に関して現金を扱うこともなくなり、高学年担任の負担を大きく軽減させることができた。
- 保護者が、学校に見本写真を見にくる必要がなくなるだけでなく、決められた期間内ではあるが、時間を気にせずインターネット上で写真を閲覧できるようになった。また、パスワードで閲覧者の制限をしていることも安心につながった。

課題

- 写真だけでなく、教材費の集金方法についても、業者と検討していく必要がある。

この他にも、教頭からは**就業ターミナルの結果を毎月集計したものを全職員に配付**し、それぞれの職員が「勤務時間外在校時間」がどれぐらいあるのかを意識できるようにしました。また、29年度から始めた「個人定時退校日申告シート」を活用した取り組みも継続して実施しました。

さらに、部活動の担当者には、名古屋市の部活動ガイドラインで示された**「練習は週3日、1回の練習につき1時間30分」**を原則守るようにお願いをしました。

これらの取り組みを通して表れた変化をまとめたものが下図です。29年度と、30年度の4、5、6月の「1人1日当たりの勤務時間外在校時間」と「月80時間以上の時間外労働者」を比較してみると、このようになりました。

4月は、年度の始まりで例年慌ただしいのですが、**80時間以上の時間外労働者数が9人から3人**

1学期に見られた変化

①日課表の見直し
②通知表の書式の見直し
③会議の実施方法の見直し
④5時・6時にチャイム
⑤留守番電話の導入（6時）
⑥集金業務の見直し
⑦部活動の制限

	1人1日当たりの勤務時間外在校時間	月80時間以上の勤務時間外労働者 (H29:28人中 H30:26人中)
4月	3.38時間	9人（32%）
5月	3.54時間	10人（36%）
6月	2.89時間	7人（25%）
取り組み後		
4月	2.79時間	3人（12%）
5月	2.87時間	5人（19%）
6月	2.60時間	3人（12%）

になり、1人1日当たりの勤務時間外在校時間は3・38時間から2・79時間へと改善が見られました。5月は、東築地小学校では月末に運動会があり、大型連休明けから本格的な準備に入ります。29年度については、長時間労働が最も深刻な月でした。30年度についても、昨年度に比べれば改善は見られるものの、課題の残るものとなりました。6月は、**通知表の書式の変更により80時間以上の職員は3人に、勤務時間外在校時間は2・89時間から2・6時間へと改善が見られました。**

これらの結果を、教頭だよりにまとめ職員に配付したところ、業務整理・業務改善により、実際に数値として効果が表れていることに驚いていました。また、「学校の働き方改革」は管理職に進めてもらうものではなく、一人一人の課題として取り組むべきものであるという意識が高まってきており、職員室内では、さらに業務整理・業務改善をする余地はあるのではないかという声も聞こえてくるようになりました。

そこで、1学期の取り組みを振り返り、2学期以降、どのように業務整理・業務改善を進めていくのかを検討するため、夏季休業中の早い段階で、**働き方改革推進委員会**を実施することにしました。

6 「働き方改革推進委員会」を開こう

働き方改革推進委員会では、メンバーであるY先生とH先生から多くの意見が出されました。1学期に取り組んだ業務整理・業務改善について、肯定的なものも否定的なものもあり、どれも大変参考になるものでした。委員会で話し合われた内容は以下のとおりです。

取り組みの成果

● 4月については、会議の実施方法の変更、書類の作成など30年度からの新たな取り組みがあり、一部の職員に戸惑いはあったものの、勤務時間の縮減は29年度に比べ進んでおり、業務改善や意識改革の効果があったと判断できる。

● 6月については、例年、月の後半から成績処理で忙しくなるが、通知表の書式を見直し、所見欄をなくすなど簡素化したことにより事務作業の軽減が図られた。4月同様、勤務時間の縮減は29年度に比べ進んでおり、業務改善の効果があったと考えられる。

今後の課題

● 5月については、29年度に比べ長時間労働については改善傾向にあるものの、運動会準備等で勤務時間が長くなっている。一部の学年では練習が過熱する傾向が見られた。

改善のための方策↓　学校行事の実施方法や実施に向けての心構えについて、根本的に見直す必要がある。「与えられた時間内によりよいものを目指す」という共通理解のもと、指導を進めたい。練習の割当時間については、厳守できるように、見通しをもった練習計画を学年主任中心に作成する。

●1か月の勤務時間外在校時間が80時間を超える職員が見られる。

改善のための方策↓　長時間労働の傾向が見られる職員については、学年主任や教務主任の声掛けにより、退校を促す。また、次年度に向けて校務分掌や学年分掌の見直し、校務分掌の取り扱い業務の分担・削減を検討する。

●1時間目の始業が早くなったので、朝の打ち合わせから1時間目開始までの時間が慌ただしくなった。

改善のための方策↓　月曜日の朝会がある日は朝の打ち合わせをなくす、打ち合わせ時間を短縮するなどの方法により、1時間目の授業時間を確保できるように努める。

●職員会議、生活指導連絡会について、更なる会議時間の縮減、会議の回数の削減に努めたい。

改善のための方策↓

前年度までの職員会議の協議事項及び連絡依頼事項を見直し、1か月ごとに行っていた職員会議の回数を、1か月半に1回、もしくは2か月に1回実施すればいいように見直す。

生活指導連絡会については、緊急の案件については生活指導連絡会の実施を待たず、朝の打ち合わせなどで伝え、迅速に対応するようにする。

●これから始まる夏季休業などの長期休業中の働き方について見直す必要がある。

改善のための方策↓

長期休業中に普段は取れない休暇を取得するなどしてリフレッシュすることも重要だが、2、3学期の業務が軽減されるよう、行事の計画、テスト・学年だよりの作成、校外学習のしおりづくりなど進められるところは進めておきたい。

このような話し合いを経て、課題を改善するための方策を決め、2学期を迎えることになりました。次ページからは2学期の取り組みを紹介します。

7 朝の打ち合わせをスリム化しよう

平成30年度より日課表を変更し、1時間目の開始時刻を8時50分から8時40分に変更したことで、朝の打ち合わせから1時間目開始までの時間が慌ただしくなってしまいました。特に全校朝会が実施される月曜日は、打ち合わせが長引くと、全校朝会の開始が遅れ、1時間目の授業開始に影響が出てしまうということがありました。そこで、**朝の打ち合わせの実施方法を見直す**ことにしました。

実施方法見直し前の朝の打ち合わせの様子は、次のとおりでした。

❶ 教務主任からの連絡・依頼、1日の行事予定・提出物・配付物等の確認

教務主任………「本日は、○○、□□、△△が予定されています。個人懇談会の予定の提出期限が本日までなので、未提出の方はお帰りまでに提出してください。最近、体調不良の子どもが多いようです。手洗い・うがいを励行するようお願いします」

❷ 担当者からの連絡・依頼

養護教諭………「本日の身体測定は、体操服に着替えて参加してください」

児童会担当………「2時間目の休み時間、児童会役員を集めます。連絡お願いします」

クラブ活動担当…「紙工作クラブの子どもには、はさみとのりをもって参加するように指示をお願いします」

給食担当………「本日の給食に臨時でいちごゼリーがつきます。ごみの処分の仕方ですが、紙製容器包装とプラスチック製容器包装を分けて集めるようにしてください」

❸ 校長からの連絡・依頼

校　長…………「教育委員会から、次のような通知が来ていますので、みなさんにお知らせします。…」

改善前には、朝の打ち合わせに10分程度の時間が掛かっていました。一部の職員や、一部の子どもに伝えればよい内容についてまで触れているので時間が掛かって当然です。また、教務主任が確認している行事予定についても、すでに職員会議で提案・確認されているもので、改めて知らせる必要はありませんでした。

そこで、**「連絡メモ」**を活用し、朝の打ち合わせの方法を次のように変更することを提案しました。

❶ 朝の打ち合わせは、朝会を実施する月曜日に加え、木曜日も行わない（連絡メモは配付する）。
❷ 朝の打ち合わせで連絡・依頼がある担当者は、前日の勤務時間終了までに「連絡メモ」に連絡依頼事項を記入する。
❸ 広報担当者が「連絡メモ」を印刷し、全職員に配付する。
❹ 「連絡メモ」を読めば分かる内容については、口頭で説明はしない。「連絡メモ」のチェック欄に担当者がマークしているものだけ、教務主任が指名をして、担当者から口頭で補足説明をする。
❺ 校長からの連絡も、連絡事項があるときのみ行う。

活用した「連絡メモ」は次ページのとおりです。

今日の連絡メモ　　月　　日（　）

<本日の予定>

□

□

授業後

<配布物　世…世帯数>

<児童連絡>

名前

□

□

<職員連絡>

名前

□

□

□

□

□

□

□

□

教務主任がデザインした
定時退校キャラクター
「ていじくん」
養護教諭さんや業務員さんなどファンが多数いました。

その他

<定時退校>

記号… ■補足説明あります。□読んでおいてください。　「前日の16：45」までに記入。

ていじくん

提案に対して、次のような不安の声もあがりました。

「朝の打ち合わせがないと、予定の確認ができず心配だ」

「突発的なことが起こった場合、その内容を全職員に知ってもらいたいときにはどうすればいいのか」

それに対して、教頭からは、

「その日の予定は、すでに月行事予定や年間行事予定でお知らせしているので、時間を有効に使うためには、重複している業務を減らすことが大切です。朝の打ち合わせを短縮することは、年間で20時間も余白の時間を生み出すことにつながるんですよ」

「突発的なことが起こった場合は、臨時で朝の打ち合わせを行えばよいので、柔軟に対応しますから心配しないでください」

「今回の取り組みのように、すでに朝の打ち合わせを簡略化している学校もあります。特に問題なくできていると聞いていますよ」

などと、**不安を解消できるように丁寧に説明をしました。**朝の打ち合わせを実施するのが当たり前と考えている先生を説得するのは時間が掛かりましたが、まずは2週間、試行期間として実施してみることにしました。

「連絡メモ」には「本日の予定（配付物）」「児童連絡」「職員連絡」「その他」「定時退校」を分けて記入します。

チェック欄が塗りつぶされていないものは、読めば分かる事項なので説明はしません。チェック欄が塗りつぶされているものについても、担当者からの補足だけですので、それほど説明に時間は掛かりません。前年度から、朝の打ち合わせで行っていた個人定時退校予定者のお知らせについても、この時期には取り組みが定着しており、毎朝お知らせしなくても協力が得られると判断して、「連絡メモ」に名前を記載して知らせる方法に変えることにしました。

「連絡メモ」を活用して、朝の打ち合わせを実施するようになって、**約10分掛かっていた朝の打ち合わせの時間は、約3分に短縮されました。**日によっては1分以内で終了することもありました。職員からは

「こんなに早く終えることができるの？」

「1時間目開始までに、余裕ができるね」

などという声があがり、「連絡メモ」を活用した朝の打ち合わせの実施方法の変更を肯定的に捉えている様子がうかがえました。

2週間の試行期間を終え、特に異論は出なかったため、本格実施をすることになりました。**全体の打ち合わせ時間が短縮されたことで、学年の打ち合わせが入念にできるようになりました。**特に配慮が必要な子どもについては、担任間で連携をして対応することで、子どもの問題行動を事前に防ぐことにつながったという声も聞かれるようになりました。

また、「連絡メモ」は、**先生たちがタスク管理することにも役立った**ようです。「連絡メモ」を企画・作成した教頭と教務主任は想定していなかったのですが、業務が多岐に渡る先生たちは、「連絡メモ」の記載内容をこなすたびに、線を引いたり丸をつけたりして、業務の進捗状況を確認するようになったようです。

「連絡メモがあると、うっかりミスがなくなるんですよね」

「これまでは、朝の打ち合わせで、各担当者からの連絡をメモすることが大変だったんですよ。助かります」

といった声が聞かれました。

連絡事項がある担当者も、どの時期に連絡事項を「連絡メモ」に記入するとよいのかを考えなくてはならないため、見通しをもって業務を進める習慣が身につくという効果も見られるようになりました。

朝の打ち合わせの実施方法の変更は、1時間目を始めるまでの時間に余裕をもてるようにすることが当初のねらいでしたが、それ以外にもよい影響が見られるようになり、職員からは、たいへんよい取り組みであると認められるようになりました。

コンピューターを活用して、打ち合わせ事項を事前に掲示板に入力し、職員に知らせる方法を取っている学校も名古屋市内にあると聞いています。

また、私立の学校の中には、デジタルサイネージ（電子看板）を活用し、職員には職員室で、児童生徒には靴箱付近や教室内で、それぞれ連絡事項を分けてお知らせしている学校もあるようです。

それぞれの学校の職員の意識やＩＣＴ機器の整備状況、整備を進めるための予算など考慮しなくてはならない点はたくさんありますが、**朝の打ち合わせの簡略化は、各学校の実態に合わせてすぐにでも始めることができます。**新学習指導要領の実施により、授業時間数が増え、教材研究のための時間、会議や打ち合わせの時間を確保することが物理的に難しくなることは間違いありません。各学校の実態に合わせて、時間を生み出す工夫をしていくことは避けては通れないのではないでしょうか。

8 会議の回数を精選しよう

年度途中でしたが、校長先生の発案で、会議の精選をするために年間計画も思い切って変更することにしました。

具体的には、**予定されていた2回の職員会議を1回にまとめて実施することにしました。**教務主任が、過去数年間の職員会議の協議事項・連絡事項を洗い出し、検討時期や周知時期をずらしても問題がないか、また、提案担当者にも負担が掛からないかを確認してから実施しました。

毎月行っていた生活指導連絡会も、子どもの問題行動等がなければ、あるいはあっても軽微なものであれば朝の打ち合わせで報告するようにして中止することにしました。

月曜日、あるいは木曜日の午後の会議がなくなるというのは、**様々な業務を処理する時間が確保できるだけでなく、担任の先生の「時間的に拘束される」という精神的な負担感も軽減される**ようでした。

これは、数値的にも明らかになっていて、職員はアンケートに次のように回答しています。

Q　朝の打ち合わせの方法を変更したり，職員会議や生活指導連絡会の回数を精選したりしました。このことは，事務処理の時間を確保することにつながりましたか？（人）

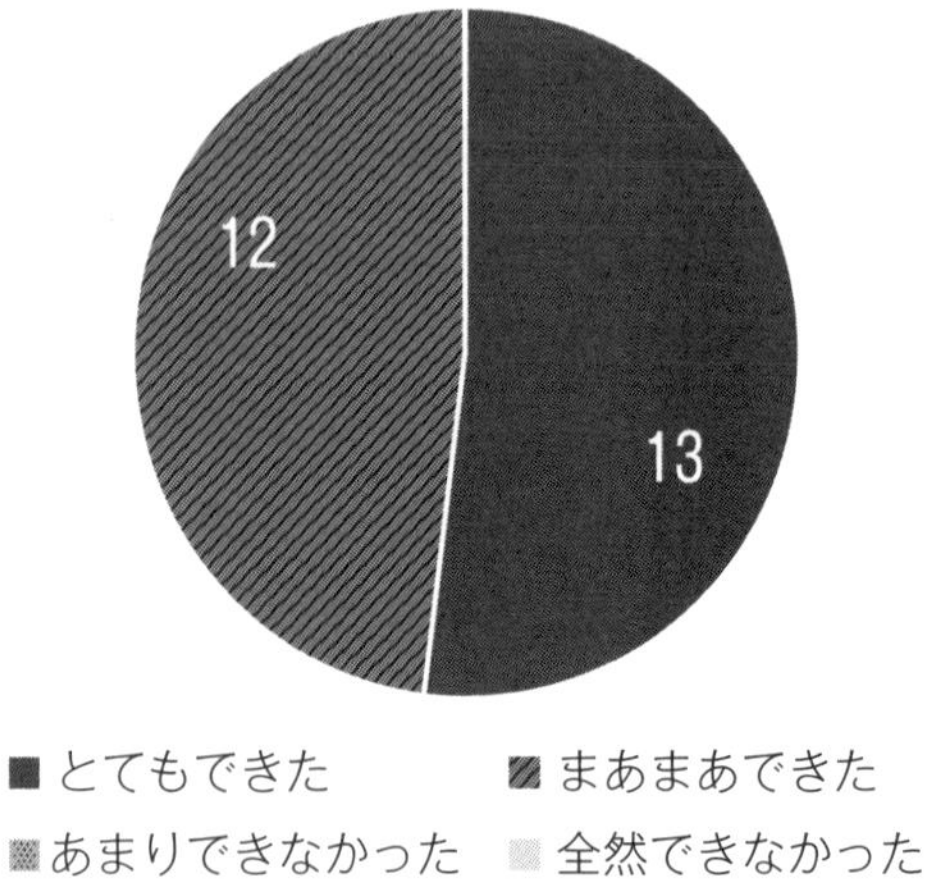

12
13
■とてもできた
■まあまあできた
■あまりできなかった
■全然できなかった

全ての職員が、朝の打ち合わせの実施方法の変更、職員会議や生活指導連絡会の精選が、事務処理時間の確保につながったと回答しています。

成果

● 朝の打ち合わせの実施方法の見直し、職員会議や生活指導連絡会の回数の精選は、事務処理時間の確保、負担軽減につながる。

課題

● 打ち合わせや会議を減らすことで、職員間で共通理解すべき事項が伝わらないことがないように配慮する必要がある。

9 学校行事へ臨む意識を変えていこう

前年度に、作品展の準備で時間外の在校時間が長時間化する傾向が見られたことは、働き方改革推進委員会でも課題としてあげられました。

そこで、特定の時期に業務を集中させないように見通しをもつ意識を高めながら行事に対応していこうと考え、働き方改革推進委員のメンバーが中心となって、夏季休業中から各学年に声掛けをすることにしました。

具体的な声掛けの内容は、**比較的余裕のある夏季休業中や業務の隙間時間に、計画的に学芸会の小道具をつくったり、大道具や衣装を他校に借りに行ったりする**ことにしようというものでした。

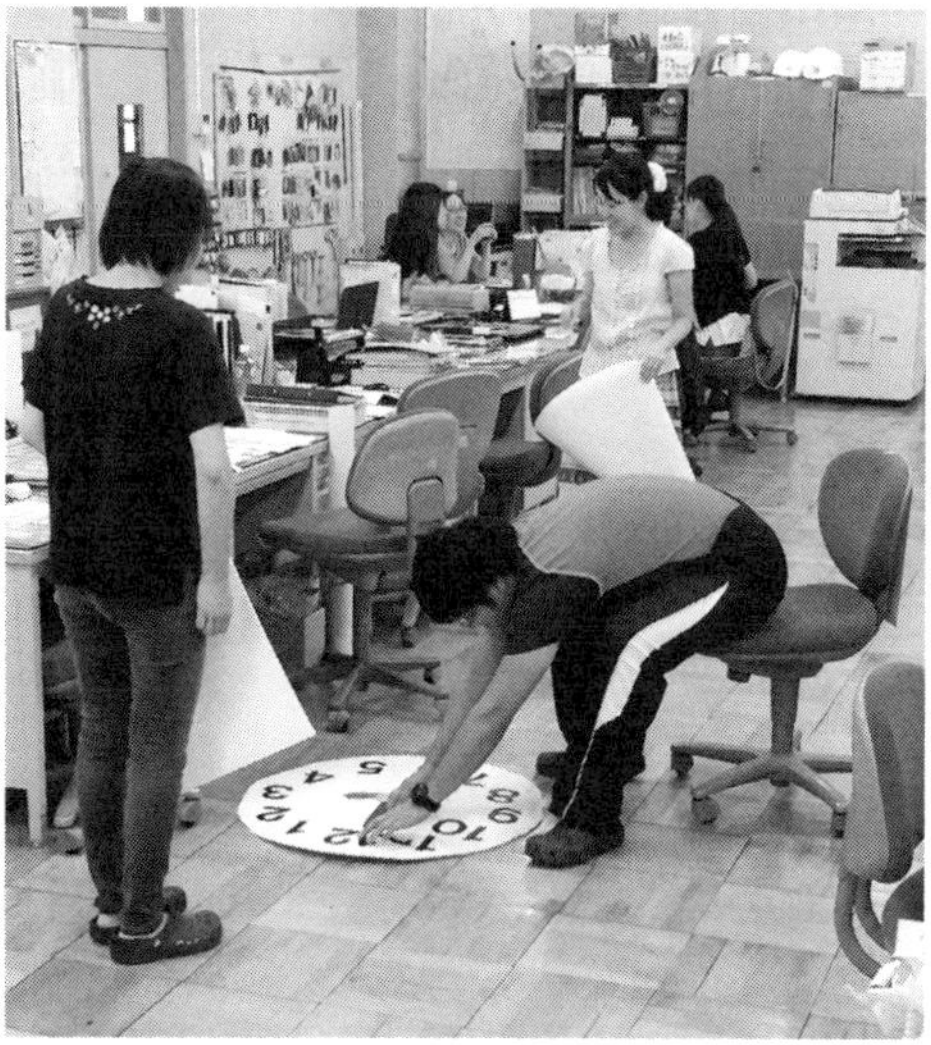

学芸会の小道具をつくる様子

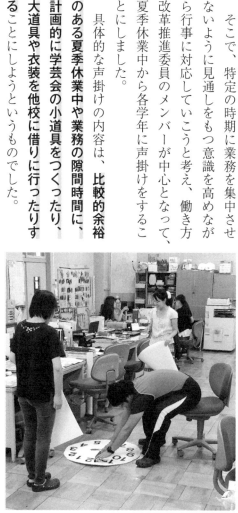

働き方改革推進委員による働き掛けは、やはり管理職からによる働き掛けよりもトップダウンに感じることが少なく、受け入れられやすいようです。この働き掛けによる、学芸会に臨む際の職員の意識は次のとおりです。

Q　学芸会時期に業務が集中しないように（学年や個人で）効率化を図り，11 月の勤務時間外在校時間が長期化しないように意識しましたか？（人）

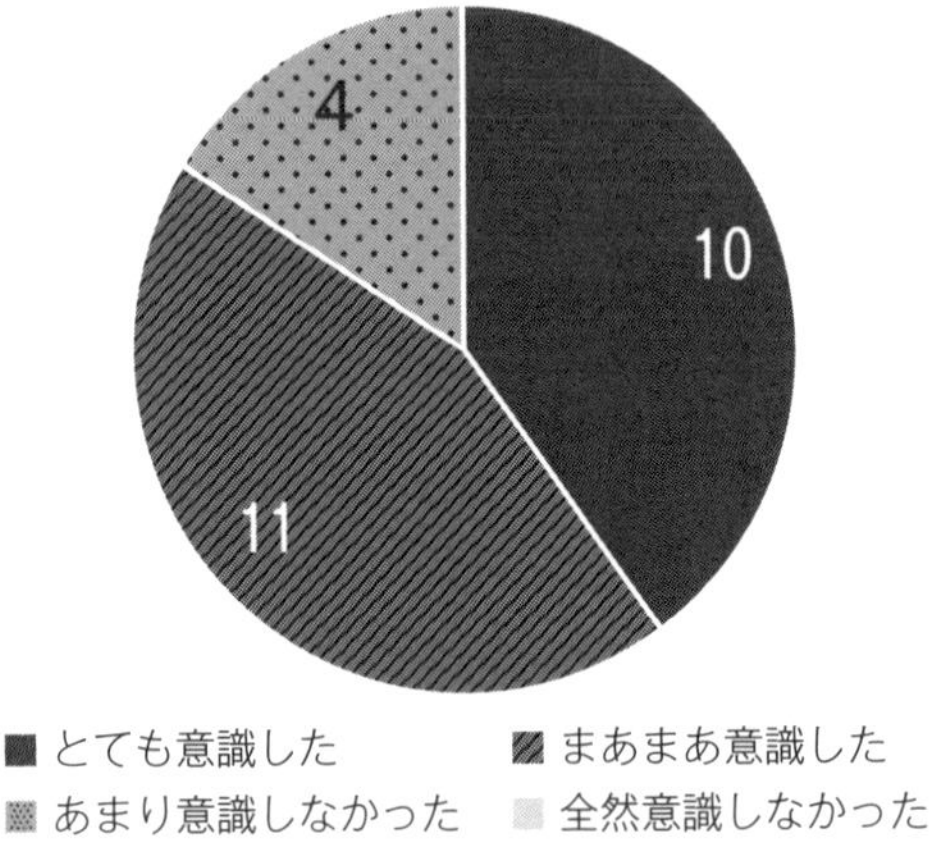
10
11
4
とても意識した
まあまあ意識した
あまり意識しなかった
全然意識しなかった

25人中21人が、学芸会時期に業務が集中しないように効率化を図り、11月の勤務時間外在校時間が長期化しないように意識したと答えています。

成果

- 学校全体として、見通しをもちながら行事の準備を進めようという意識の高まりが見られるようになった。

課題

- 他の学校行事の在り方も見直し、準備や練習等による授業時間の過度の圧迫を避けることができるようにする。

学校行事に臨む職員の意識が変わってきたことは、学校の働き方改革を進めるうえで、大きな前進となりました。しかし、これだけでは不十分だと考えています。やはり、学校行事の在り方そのものについて、じっくりと考える必要があるのではないでしょうか。

授業の準備や生活指導の時間を減らすことは難しく、現実的ではありません。すると、着目されるのは学校行事です。学校行事を減らすと、行事の準備が減り、行事のための会議や打ち合わせも減り、担当者の業務も減ることが予想され、業務整理・業務改善の大きな効果が期待できるからです。

令和元年度、名古屋市では、多くの公立小学校が運動会の半日実施に大きく舵を切りました。熱中症対策も大きな理由の一つですが、新学習指導要領の本格実施を控え、授業の質を保つための教材研究の時間を確保するためには、運動会に関わる業務の削減は避けては通れないものでした。読者のみなさんの自治体ではいかがでしょうか?

各学校で「持続可能な働き方」を実現するために、**職員だけの議論にとどまらず、保護者や地域も巻き込みながら、「本当に必要な活動か?」「やってもやらなくてもよい活動か?」「やるべきではない活動か?」をよく吟味していく必要がある**と思います。

10 長時間労働傾向にある職員をフォローする雰囲気を高めよう

これは2学期のある日、先生の帰り際の風景です。個人定時退校予定のR先生が、別の定時退校予定のK先生に「そろそろきりをつけて帰ろうか」と声を掛けているところです。

慎重に業務を進めるK先生は長時間労働傾向にあり、健康状態が心配でした。教頭からも早めの退校を促していましたが、時としてプレッシャーとして受け取られることもあったようです。しかし、このときのR先生からの声掛けには、笑顔で「そうですよね。私もたまには早く帰ることにします」と答えていました。

働き方改革推進委員であるY先生とH先生は、学校の働き方改革の意義を深く理解し、自ら進

退校を呼び掛ける職員の様子

んで個人定時退校に取り組み、手本を示すだけでなく、

「頑張る日と早く帰る日のメリハリをつけて仕事をするようにしましょう」

「健康のためにはリフレッシュすることも大切ですよ」

などと、折に触れて周りの先生に声を掛けてくださっていました。

このような地道な働き掛けがあったからだと思いますが、２学期の半ばを過ぎると、職場全体で、冒頭に示したような場面がよく見られるようになりました。勤務時間を意識しながら業務をマネジメントすることができるようになってきたなと感じました。

管理職からの声掛けはトップダウンと受け止められることがあり、「まだやることがあるのに」「早く帰らされた」といった不満が、どうしてもたまりがちです。こういったとき、働き方推進委員会のメンバーである、ベテランのY先生や先輩ママのH先生からの声掛けは、ほかの職員にとってあたりがやわらかく、素直に受け入れられていたようでした。

学校の働き方改革を進めるうえで、ボトムアップで改革を進めようとする働き方改革推進委員の存在は、職員室内でなくてはならないものとなっていました。

11 情報は積極的に発信しよう

これまで述べてきた東築地小学校での取り組みについては、成果や課題をまとめ、日本教育経営学会で発表しました。学校運営に関わる理念や手法について専門的な立場の方から指導していただきたかったからです。教頭研修などで学校運営については学ぶ機会がありましたが、「学校の働き方改革」については、比較的新しい教育課題で、自ら情報を得るように努めないと、先行事例や成功事例について知ることができなかったのも、学会に参加した大きな理由の一つです。

また、「学校の働き方改革」は学校内で完結するものではなく、その成功のためには、保護者や地域の方々の理解を得ることが大切です。そのためには、学校での取り組みを積極的に発信する必要があります。タイミングよく、一般社団法人ワークライフバランス東海さんにお声掛けいただき、平成29年8月、「先生の働き方を考える　ワークライフバランスフォーラム」で事例紹介者として登壇させていただくことができました。そこでは、「持続可能な学校とするために、学校の働き方改革は必須で、その成功は子どものよりよい成長につながる」ということを、教育に関心のある様々な方に訴えることができました。

すると、これらの取り組みを目にとめていただき、中日新聞社から取材の依頼をいただきました。

どのような反響があるのか心配でしたが、学校の実態を、保護者や地域に広く知っていただくよい機会だと捉え、取材に協力させていただくことにしました。担当してくださった記者さんも、教育に関わる課題に詳しく、とても丁寧に取材をしてくださったのが印象に残っています。

タイムカード活用　打ち合わせの効率化…
教員の労働時間、一歩ずつ短縮へ

タイムカードなどを活用して教員の勤務時間を管理する小中学校、高校が増えている。仕事内容の見直しも必要だ。名古屋市港区の東築地小学校では、専門の委員会をつくって労働時間の削減効果を数字で示し、教員の意識改革と業務改善をセットで進めている。働き過ぎる教員にどう働きかけるかが課題だ。

（中日新聞　2018年10月28日　17面より一部抜粋）

10月末に、中日新聞朝刊の教育欄に掲載していただくと、学区連絡協議会やPTA実行委員会で大きな反響がありました。

学区連絡協議会委員長さんは、学区の会議の場で、

「今、学校は働き方改革を進めているところです。子どもが家に帰ったら、地域でのトラブルは地域で解決しましょう」

と訴えてくださり、大変頼もしく感じました。

また、PTA役員さんからは、

「学校にもっと協力できることはないですか？」

といった申し出があり、ありがたいことだと思いました。

平成31年の矢田小学校への転任後も、学校の働き方改革に関してNHKから取材を受け、情報番組で放送していただいたのですが、やはり同様に、区政協力委員長さんやPTA役員さんに話題にしていただき、学校の働き方改革について理解していただくきっかけとなりました。

保護者や地域の方に理解をしていただきながら、学校の働き方改革を進めるためには、

情報をきちんと発信していくことがいかに大切かを感じたできごとでした。

以上の取り組みを通して表れた変化をまとめたものが下図です。29年度と30年度の9、10、11月の「1人1日当たりの勤務時間外在校時間」と「月80時間以上の時間外労働者」を比較してみると、このようになりました。

9月については、学期はじめで忙しい中、1人1日当たりの勤務時間外在校時間は、3・19時間から2・19時間に短縮することができました。

全校出校日を夏季休業終盤に設定し、子どもの宿題提出日と職員会議を同日に実施しました。そのため、夏季休業中からゆとりをもって宿題の添削ができるようになりました。また、9月当初の慌ただしい時期に職員会議を実施しなくてもよくなりました。これらのことにより、勤務時間外在校時間が縮減されたと考えられます。

2学期に見られた変化

①朝の打ち合わせのスリム化
②職員会議・生徒指導連絡会の精選
③学校行事に臨む際の意識改革
④長時間労働傾向の職員への個別の働き掛け

	1人1日当たりの勤務時間外在校時間	月80時間以上の勤務時間外労働者（H29:28人中 H30:26人中）
9月	3.19時間	4人（32%）
10月	2.42時間	3人（36%）
11月	2.78時間	5人（25%）

取り組み後

	1人1日当たりの勤務時間外在校時間	月80時間以上の勤務時間外労働者
9月	2.19時間	0人（ 0%）
10月	2.19時間	0人（ 0%）
11月	2.01時間	0人（ 0%）

10月については、学芸会準備で忙しい中、1人1日当たりの勤務時間外在校時間は、2・42時間から2・19時間に短縮することができました。10月については、学芸会準備で勤務時間外在校時間が長時間化することが予想されましたが、各学年とも見通しをもって計画的に準備を進めている様子が見られ、業務改善の意識が高まっていることが分かりました。

11月については、月の後半から成績処理で忙しい中、1人1日当たりの勤務時間外在校時間は、2・78時間から2・01時間となっています。1学期同様、成績処理に関して、通知表の所見欄をなくすなど簡素化により事務作業の軽減が図られ、業務改善の効果がありました。

そして、**2学期は月80時間以上の勤務時間外在校者を0人とすることができました。**中教審から示された勤務時間外在校時間月45時間の上限規制もクリアすることになりました。

しかし、気をつけなければならないのは、いまだ、平均ではなく一人一人の勤務状況を確認すると、長時間労働傾向の職員はおり、そこについては、校務分掌や学年の配当、持ち時間数を含めて対応が必要であると捉えています。

12 再び「働き方改革推進委員会」を開こう

2学期に取り組んだ業務整理・業務改善について振り返るため、冬季休業に入り、すぐに働き方改革推進委員会を開きました。話し合われた内容は以下のとおりです。

取り組みの成果

- 8月の全校出校日を夏季休業終盤に設定し、子どもの宿題提出日と職員会議を同日に実施した。その結果、夏季休業中からゆとりをもって宿題の添削ができるようになった。このことにより、9月の勤務時間外在校時間が縮減されたと考えられる。
- 10月については、学芸会準備で勤務時間外在校時間が長時間化することが予想されたが、各学年とも見通しをもって計画的に準備を進めている様子が見られた。業務改善の意識が高まっていることが分かった。
- 成績処理に関して、所見欄をなくすなど簡素化したことにより事務作業の軽減が図られ、業務改善の効果があったと考えられる。新聞報道を受けて、社会的に認知された安心感から、早い時間に退勤することに対する抵抗が、職員からなくなってきた印象を受ける。よい習慣として定着するように、3学期以降も継続した働き掛けが必要と考える。

今後の課題

● 来年度の学校行事全般について見直したり、作品展・運動会に向けた様々な取り組みについて見直したりする必要がある。

改善のための方策→

○ 家庭訪問、個人懇談会、児童教育相談の実施回数・実施方法・実施期間など、授業時間数確保の観点から見直す。

○ 避難訓練・防犯訓練・交通訓練、給食試食会などは削減、隔年開催など実施するかどうかも含めて根本的に見直す。

○ 作品展については、大々的に会場を装飾する方針を改めたり、ワークショップを取り入れたりするなど、実施方法を根本的に見直す。

○ 運動会については、3学期に、来年度の方向性を話し合う会を設定し、年度当初にスムーズに提案できるように準備を進める。

● 学校だよりと学年だよりで内容が重複しているところもある。また、同じ内容なのに細かい部分が違っていることもある。

改善のための方策→ 学校だよりと学年だよりを一本化する。

　このような話し合いを経て、次年度に向けて課題を改善するための方策を、３学期に検討することを決めました。特に、行事の在り方については、新学習指導要領の本格実施を控え、授業時間数の確保も意識しながら、慎重に検討することとしました。

また、校長が業務整理・業務改善を進めるために、アイデアを募集したところ、全ての職員から33項目ものアイデアが集まりました。具体的には、**「作品展の会場を、体育館から普段使用していない西校舎に変更することで、準備に掛ける時間を短縮すること」「担任をしていない教員でチームを組み、配慮が必要な子どもへの支援を積極的に行うことで、担任の先生のフォローをすること」**などです。「学校の働き方改革」に関わる取り組みを通して、業務の効率化を図ろうという意識が確かに高まっていると感じました。これは、数値的にも明らかになっていて、次ページのアンケートの結果からも分かるように、全ての職員が「業務の効率化を図ろうと意識するようになった」と答えています。

　各担当が、熟慮を重ねて新年度に向けて計画を立てたり準備をしたりする中、私は30年度末をもって、名古屋市立矢田小学校への異動が決まりました。「学校の働き方改革」への取り組みのなかばでの異動となりましたので、後ろ髪を引かれる思いでした。しかし、すでに職員は、自ら業務改善・業務整理をしようという意識が高まっていたので、その辺りについては、安心して異動することができました。

その後、異動先で東築地小学校の運動会がリニューアルして実施されていると聞いたり、スリム化された作品展を見学したりすることができました。また、東築地小学校の職員に出会ったときは、

「教頭先生、ちゃんとメリハリつけて働いていますよ！」

と伺うことができてうれしく思いました。

私は、矢田小学校に異動してからも、少しずつですが、できることから業務改善を進めています。その一部を紹介させていただきます。

Q 「学校の働き方改革」の取り組みを通して，業務の効率化を図ろうと意識するようになりましたか？（人）

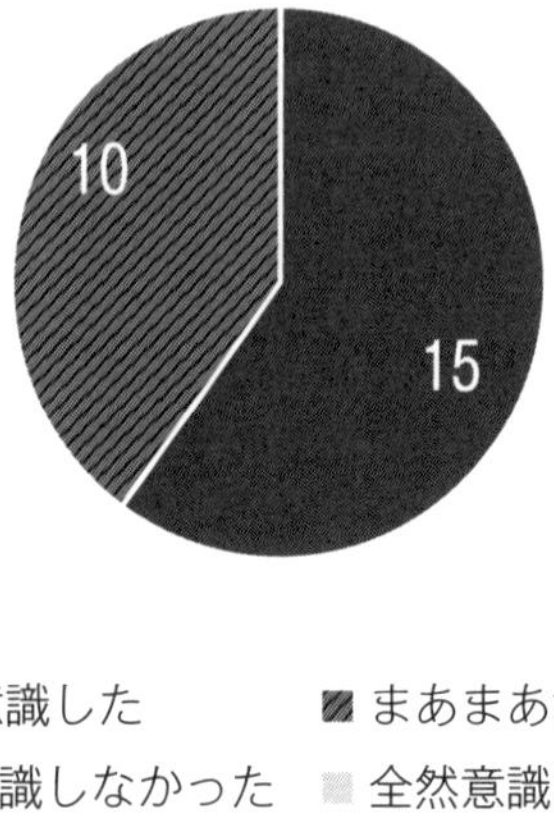
10
15
とても意識した
まあまあ意識した
あまり意識しなかった
全然意識しなかった

13 学年だより・学校だよりを一本化しよう

異動後も、東築地小学校での取り組みを参考に、できるところから業務改善を進めることにしました。毎月発行される「学校だより」を決裁するにあたり、たより冒頭の挨拶の文章や月行事予定が重複することが気になりました。また、図画工作の学習で使う材料のお知らせについても、学年ごとに表現の仕方が異なり、正しく情報が伝わるか心配でした。また、学年だよりを毎月発行する労力も何とか軽減できないかと考えていました。そこで、以下のとおりに学年だよりと学校だよりを一本化して発行することを提案しました。

❶ 学年だよりは廃止し、学校だよりと一本化して発行する。
❷ 学年からお知らせする内容は、「今月の学習予定」「今月の集金額」「校外学習や持ち物などのお知らせ」の3点のみとする。
❸ 各学年の該当月の執筆担当者は、コンピューターサーバー内の入力シートに、❷の3点について、期日までに入力する。
❹ 教務主任は、「学校からのお知らせ」と「2か月分の行事予定」を作成する。

教頭からの提案に、学校だよりや学年だよりの発行は「当たり前」のことと捉えていた多くの職員からは、驚きと戸惑いの声があがりましたが、業務改善・業務整理の目的については、着任してから「教頭だより」で発信していましたから、理解を得ることができました。

各学年に依頼したのは「今月の学習予定」「今月の集金額」「校外学習や持ち物などのお知らせ」の3点を期限までに入力することだけです。実際に、以下に示したような入力シートを見てもらうと、これまでの学年だより作成に比べれば、大幅な業務負担の軽減につながるので、職員には好意的に受け止められました。

実際にできあがった学校だよりは、本書162、163ページに示したものです。

【記入例】　4年

学習予定		集金		お知らせ
国語	感想を友達に伝えよう	給食費	3800円	13日（金）に愛知県警に出かけます。 弁当は必要ありません。詳細はしおりをご覧ください。
社会	事故や事件からくらしを守る	漢字ドリル	270円	
算数	式と計算のじゅんじょ	計算ドリル	270円	
理科	わたしたちの体と運動	合計	4340円	
音楽	せんりつと音色			
図工				
体育				
道徳				
総合				

集金欄は数値を入力すると合計金額が自動計算されるように設定した。

※発行日の１週間前をデータ入力の締め切りとした。

　裏面については、以下に示したイメージ図のように、各学年の入力シートをレイアウトしました。そして、A3版、両面印刷で発行しました。

　7月の職員会議で、学校だよりと学年だよりの一本化については提案し、入力シートを準備していたので、夏季休業中に今年度中の学習予定の入力を済ませてしまう学年も見られました。

　また、保護者からも、3兄弟いると学年だより3枚と、学校だより1枚、合計4枚受け取ることになり、全てに目を通すのに時間が掛かったが、1枚にまとめられると、読む時間も短縮され、保存もしやすくなったと好評でした。

　みなさんの学校でも、ぜひ取り入れられてはいかがでしょうか？

【裏面　イメージ図】

1学年からのお知らせ	4年生からのお知らせ
2学年からのお知らせ	5年生からのお知らせ
3学年からのお知らせ	6年生からのお知らせ
特別支援学級からのお知らせ	

表面（右側）　2か月分の行事予定を掲載

令和元年度　9月行事予定表

日	曜	行　事　等	保健	下校時刻 1年	2年	3年	4年	5年	6年
1	日								
2	月	始業式 学校だより発行日		11:20	11:20	11:20	11:20	11:20	11:20
3	火	給食開始 PTA牛乳パック回収日	身体測定(6年)	14:30	15:25	15:25	15:25	15:25	15:25
4	水	40分帯5時間授業	身体測定(5年)	14:05	14:05	14:05	14:05	14:05	14:05
5	木		身体測定(4年)	14:30	14:30	14:30	14:30	14:30	14:30
6	金		身体測定(3年)	14:30	14:30	15:25	15:25	15:25	15:25
7	土	学区敬老会							
8	日								
9	月	朝会 職員定時退校日	身体測定(2年)	14:30	14:30	14:30	14:30	14:30	14:30
10	火	朝読 校外学習(2年)@名古屋港水族館		14:30	15:25	15:25	15:25	15:25	15:25
11	水	なかよしタイム④(8:30～1時間目) 委員会活動(4～6年)	身体測定(特支) 視力検査(特支)	14:30	14:30	14:30	15:25	15:25	15:25
12	木	修学旅行説明会(15:00～)@視聴覚室	身体測定(1年)	14:30	14:30	14:30	14:30	14:30	14:30
13	金	校外学習(4年)@愛知県警	視力検査(6年)	14:30	14:30	15:25	15:25	15:25	15:25
14	土								
15	日								
16	月	敬老の日							
17	火	朝読　おは玉(1～3年)		14:30	15:25	15:25	15:25	15:25	15:25
18	水	なかよしタイム⑤(8:30～8:45)		14:30	14:30	14:30	15:25	15:25	15:25
19	木	なかよしタイム⑥(5時間目) 校外学習(6年)@名古屋市科学館	視力検査(5年)	14:30	14:30	14:30	14:30	14:30	14:30
20	金	秋祭り		14:30	14:30	15:25	15:25	15:25	15:25
21	土								
22	日								
23	月	秋分の日							
24	火	朝読　おは玉(4～6年・特支) 後期学級委員・代表委員選挙	視力検査(4年)	14:30	15:25	15:25	15:25	15:25	15:25
25	水	学校だより発行日 委員会活動(4～6年)　委員長選出 ウイング授業参観週間(～10/1)	視力検査(3年)	14:30	14:30	14:30	15:25	15:25	15:25
26	木		視力検査(2年)	14:30	14:30	14:30	14:30	14:30	14:30
27	金		視力検査(1年)	14:30	14:30	15:25	15:25	15:25	15:25
28	土								
29	日								
30	月	朝会(学級委員・代表委員・委員長認証)		14:30	14:30	14:30	14:30	14:30	14:30

10月行事予定表

日	曜	行　事	保健
1	火	朝読　おは玉(2・5年)　PTA牛乳パック回収日 校外学習(6年)「こころの劇場」 6年下校 16:15	
2	水		修学旅行 事前健診
3	木		
4	金	学校開放(3・4限・給食) 矢田小家庭教育セミナー　9:30～	
5	土		
6	日		
7	月	職員定時退校日	
8	火	三世代交流会(3年)	
9	水	委員会活動(4～6年)	
10	木		
11	金		
12	土		
13	日		
14	月	体育の日	
15	火	朝読　おは玉(1・6年)	
16	水	東区連合音楽会@芸総センター	
17	木		
18	金	学校生活アンケート(4～6年)	
19	土		
20	日		
21	月		
22	火	即位の儀	
23	水	なごやっ子読書の日 修学旅行(6年)	
24	木	修学旅行(6年) 校外学習(3年)@イオンナゴヤドーム前	
25	金	6年家庭学習日 学校だより発行日	
26	土		
27	日		
28	月	朝会	
29	火	朝読　おは玉(3・4年・特支) あいあいあいさつ運動	
30	水	クラブ活動(4～6年)	
31	木		

9月2日時点での予定です。
追加・変更になることがあります。

2か月分の行事予定をお知らせすることは，予定を立てやすくなると保護者からも好評であった。

表面（左側）　主に学校からのお知らせを掲載

令和元年度　学校だより　９月号	名古屋市立矢田小学校
学校と家庭、地域をつなぐ 矢田だより	（電話・来校者対応時間　平日 7:45～18:00）
発行日　令和元年９月２日（月）	

電話・来校者対応時間も
７：45～18：00と明記

２学期のスタートです

長い夏休みが終わり、笑顔で元気一杯の子ども
した。いよいよ２学期が始まります。厳しい暑さは
生活のリズムを早く整え、運動や勉強に精一杯取
２学期になることを願っています。今学期も、保
校の教育活動に対するご理解とご協力をお願いいたします。

学校だより・学年だよりをリニューアルしました

ご覧のとおり、２学期より学校だよりと学年だよりを一本化するとともに、内容を精選して発行いたします。基本的には毎月２５日（２５日が休日の場合は前日）に発行をします。大きな変更点は以下の通りです。

① 学年だよりと学校だよりを一本化することにより、省資源化を図ります。
② ２か月先の行事予定をお知らせし、ご家庭での予定を立てやすくします。

「わくわくサポーター」の紹介です

「画一的な一斉授業からの転換を進める授業改善モデル事業」を推進するため、５人のスタッフが「わくわくサポーター」として着任しました。７月から、各学級に入り、子どもたちがわくわくするような授業改善のための助言を行ったり、学習環境を整えたりしています。どうぞよろしくお願いいたします。

日本ＰＢＬ研究所
副理事長　　市川　洋子（左）
主任研究員　東條さおり（右）

名古屋市教育委員会
指導室主査　鷲見　知則（右）
指導室主事　青山　千晃（中）
指導室主事　石崎　亜希（左）

ＰＢＬは子どもの自律を育む教育方法です。子どもたちが自分たちの力でプロジェクトに取り組みます。温かく見守っていただけると幸いです。ご協力お願いします。

部活動の記録

野球部

中日少年野球大会
１回戦　vs 明倫小　●　７－８
東区野球指導会
１回戦　vs 葵小　●　17－18
２回戦　vs 山吹小　○　４－１

ソフトボール部

名古屋市民スポーツ祭
１回戦　vs 苗代小　○　12－７
２回戦　vs 川原小　●　６－10
東区ソフトボール指導会
１回戦　vs 旭丘小　○　27－４
２回戦　vs 東白壁小　○　18－０
決勝戦　vs 筒井小　○　10－０　優勝

14 特別教室の利用調整や授業準備にはタブレットを活用しよう

矢田小学校は、令和元年度より「画一的な一斉授業からの転換のための授業改善モデル事業」のモデル校に指定され、個別最適化された学びを推進するために、ＩＣＴ機器に関わる環境整備が進められました。授業改善が主な目的ですが、授業準備の面でもかなり効率化が図られています。その具体的な事例を紹介します。

まず、特別教室の利用の調整についてです。どこの学校も、体育館や図工室など利用頻度の高い特別教室は、時間割に準じて各学級や各学年に利用してよい時間が割り振られていると思います。

しかし、それ以外の利用頻度の低い特別教室や、予定外の特別教室の利用については、ホワイトボードなどを活用して予定を調整するのが一般的かと思われます。時期によっては、写真の

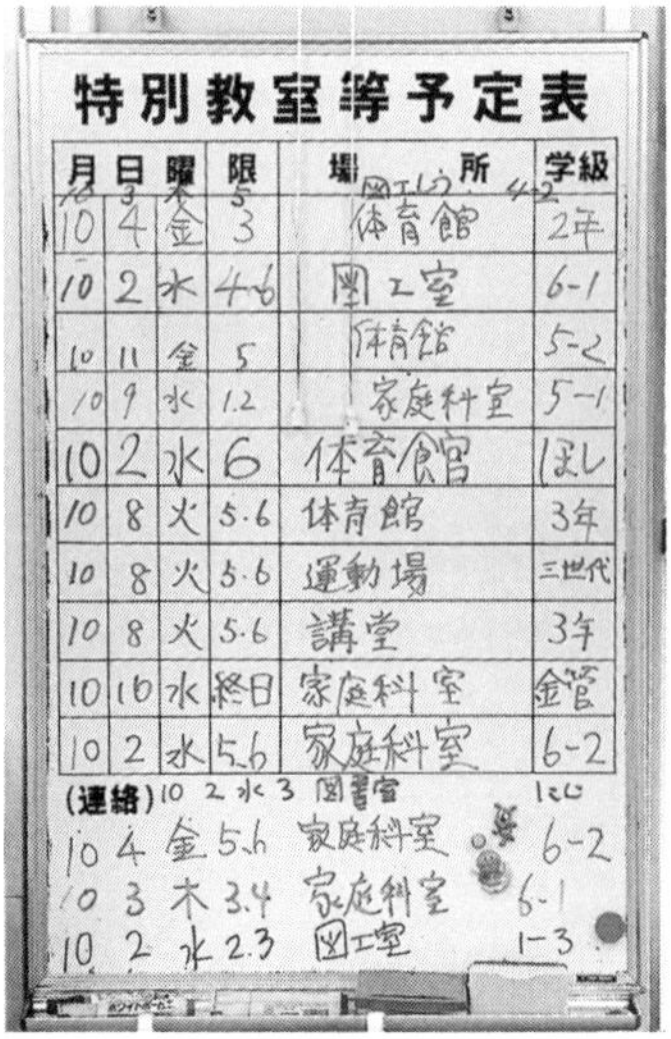

利用予定で一杯になった
ホワイトボード

ようにホワイトボードが一杯になるほど利用予定が埋まってしまうことがあります。

特別教室を利用したいときは、時間割表と優先学級・学年の利用状況を確かめ、ホワイトボードで空き状況を調べてから予約していましたが、大変手間が掛かっていました。この問題を解消しようと、教務主任の発案で、**タブレットパソコンを使った予約方法に変更することにしました。**

具体的には、フリーアプリの**「タイムツリー」**を教師用タブレットにダウンロードして活用することとしました。利用管理の方法をホワイトボードではなく、タブレットの中にあるカレンダーを使って、職員で共有しながら管理する方法に変えたのです。この方法にすると、手元にあるタブレットパソコンで予約状況が確認できるので、職員室に戻ってくる必要がありません。また、ホワイトボードは記入できる量に制限がありますが、タイムツリーでは制限がありませんので、かなり先の予約まですることができます。教室ごとに色分けすることができるのも、このアプリの魅力です。

ベテランの先生の中には、タブレットを使った特別教室の利用管理に不安を示していた先生もいましたが、運用を開始すると、利便性を実感することができたようで、

「タブレットが手放せない」

という発言が職員室内で聞こえてくるようになりました。

「タイムツリー」は、家族やサークル、仕事のチームなど様々な相手や目的に応じて複数のカレンダーを使って、予定を共有するためのアプリですが、次の画像のように学校では特別教室の利用管理にも活用することができます。試してみてはいかがでしょう。

2019年10月
特別教室
2019年10月29日(火)
13:30 15:30 ほし図工室
2019年10月30日(水)
8:30 10:30 1-2 図工室
11:30 12:30 4-2図工室
13:30 14:30 4-1 図工室
2019年10月31日(木)
9:30 11:30 6-1 図工室
10:30 11:30 4-1 講堂
2019年11月1日(金)
8:30 10:30 4-1 図工室
8:30 9:30 1-3 多目的
9:00 10:00 3-2 講堂
11:30 12:30 にじ講堂
2019年11月5日(火)
9:30 12:30 6-2 図工室
サマリー
キープ
フィード
その他

「タイムツリー」によって
予約された特別教室の様子

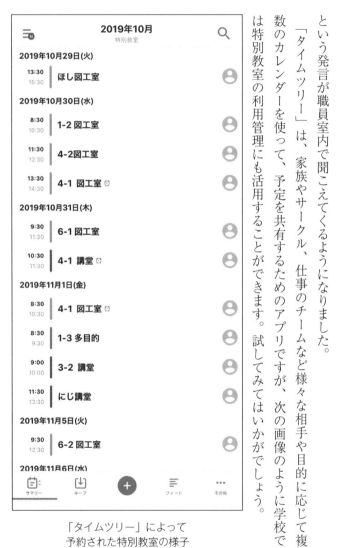

次に、教材の提示についてです。教科書の挿絵や資料集のグラフなどを、拡大機で拡大して、黒板に提示し授業に活用するというのは、多くの学校で見られる光景かと思います。しかし、感熱記録方式の拡大機はモノクロでの印刷ですし、拡大するのに時間が掛かります。加えて、3枚、4枚と印刷したり、大切な部分にはマーカーペンなどで着色したりするとなると、大変手間が掛かりました。

しかし、タブレットパソコンを使えば、**カメラ機能を使って教科書や資料集の必要な個所を撮影し、**

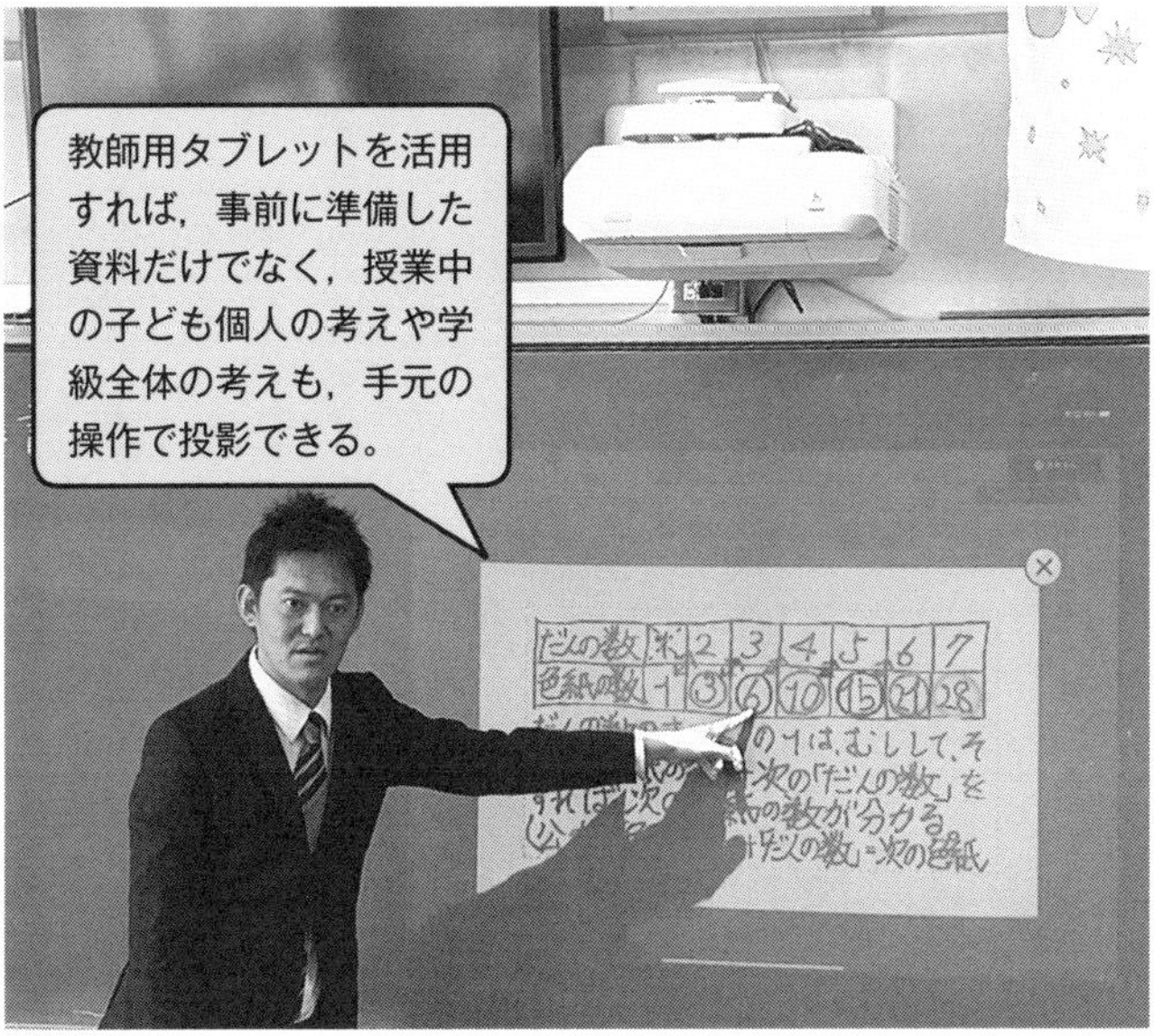
教師用タブレットを活用すれば，事前に準備した資料だけでなく，授業中の子ども個人の考えや学級全体の考えも，手元の操作で投影できる。

子どもがタブレットパソコンに記入した考えを
プロジェクターを使って黒板に投影している様子

画像をプロジェクターに転送するだけです。専用のペンを使えば、強調したい部分に下線を引くこともできます。教材を提示するための準備に掛ける時間を飛躍的に短縮させることができます。

タブレットを活用した授業展開の工夫や、個別最適化された学びの推進については、事業として研究・検証中ですので、今回は触れませんが、ＩＣＴ機器に関わる環境整備は、業務の効率化を進めるうえで欠かせないと実感しています。

いよいよ日本でも５Ｇ（第５世代移動通信システム）の時代がやってきます。生まれたときからスマートフォンが存在し、コンピューターを身近に感じながら育ってきた子どもたちが学ぶ学校において、いつまでも黒板とチョークによる一斉授業が主流では、学校が社会の発展から取り残された存在となってしまいます。子どもたちにとって豊かな学びを提供するためにも、まずは、教員がＩＣＴ機器を使いこなし、その利便性を実感しながら、授業改善を図っていく必要があると思います。

環境整備を進めるための予算は自治体によってまちまちですが、子どもたちの学びを豊かにするためにも、教員の業務負担軽減のためにも、必要な予算はしっかりと確保することができるよう、それぞれの立場でできることを考えていかなくてはなりません。

3 働きがいの感じられる職場を目指そう

業務整理・業務改善が進んで余白の時間ができても、働きがいを実感できる職場でなければ、真のワークライフバランスにはなりません。

業務整理・業務改善の取り組みだけでは、「学校の働き方改革」が進んだことにはなりません。**ワークライフバランスの実現のためには、職員がやりがいを感じながら、生き生きと働くことができる仕組みも同時に整えていく必要があります。**

第1章マインドセット7でも述べましたが、教員の働きがいには、「職務自律性（自ら判断・コントロールしながら仕事をできること）」が大きく影響しています。元々、教員は「よりよい学校にしていきたい」「子どものために頑張りたい」という思いをもっています。そこで、この思いを大切にすることができるように、「職務自律性」を保ちながら業務に取り組むことができるように、学校評価に関わる仕組みを整備することにしました。

ここでは、平成29年度から30年度に掛けて東築地小学校で取り組んだ学校評価に関わる仕組みの整備と、学校評価に取り組む職員の様子について述べます（この取り組みは、平成24年度から5年間、教務主任として在籍した名古屋市立明正小学校での学校評価に関わる取り組みがモデルとなっています）。

1 学校評価の実施方法を見直そう

まず、平成29年の3学期に、学校評価の実施方法を見直すにあたって、次の点について確認するところから始めることにしました。

❶ 学校教育目標は、子どもの実態や時代の流れに合わせて、変更されているか。
❷ 職員が主体的に、評価項目・評価指標を決定したり、評価指標に関して成果や改善点について話し合ったりする仕組みがあるか。
❸ 教職員自己評価、保護者アンケート、児童アンケートの評価指標に関連性をもたせているか。

❶の学校教育目標については、例年どおりや慣例として、あまり見直しをしない学校もあると聞きます。しかし、時代の移り変わりは速くなり、子どもたちに身につけてほしい力も変わっていきます。令和2年度の新学習指導要領の本格実施を控え、見直すにはよい時期と考え、学校評価委員会が中心となり、新しい学校教育目標を決めることにしました。

❷については、教務主任が中心となり、評価指標を考え、学校評価委員会で決定していました。しかし、学校評価会議で年度当初に示された評価指標は、職員にとってはトップダウンとして受け止められることが多いようでした。その結果、職員が年間を通じて評価指標を意識し、学校運営の改善に取り組むことはできていませんでした。

そこで、**「学校評価対策委員会」**を新設し、職員一人一人が担当する校務分掌を意識しながら、評価指標の検討、結果の分析、改善策の検討に、責任をもって関わることができるようにしました。

この「学校評価対策委員会」は、「よりよい学校にしていきたい」「子どものために頑張りたい」という思いを大切にし、自ら判断したり、自らコントロールしたりしながら学校運営の改善に取り

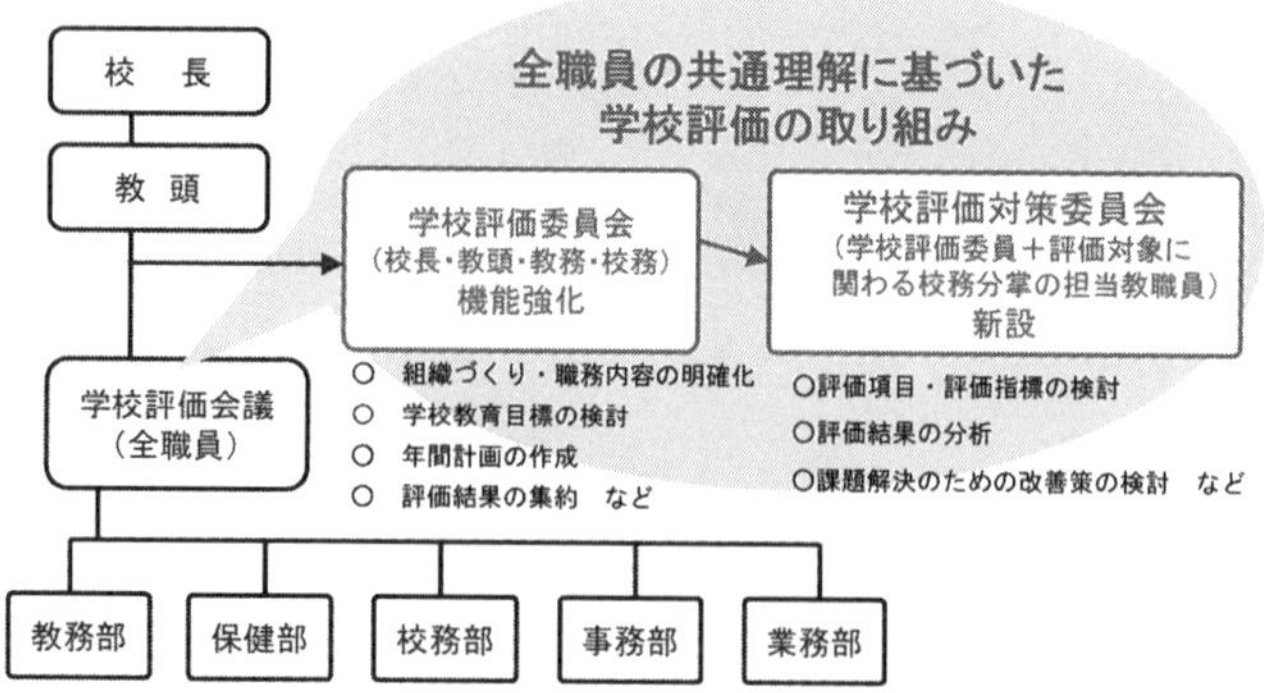

学校評価に関わる組織図

組むことができる組織です。職員一人一人が、働きがいを感じながら、業務にあたるようになることが期待できます。

一方で、「よりよい学校にするために」「子どものために」という思いを大切にしすぎると、職員の力が入りすぎ、あれもこれもと業務量を増やし、評価指標の数が膨れ上がるという心配があります。学校で行われていることは全て「子どものために」行われていることですから、**きちんと優先順位をつけて「必ずやらなくてはならないこと」「やってもやらなくてもいいこと」「やらないほうがいいこと」を分類することが大切だということも話しました。**下図に示したように、必ずやらなくてはならないことに集中して力を注いだほうが、改善も早く効率的に業務を進められることが期待できます。

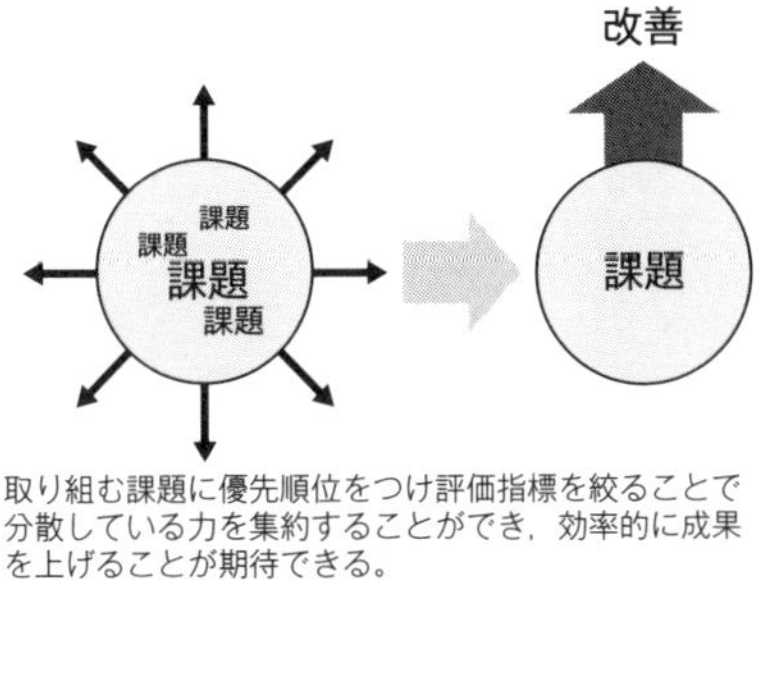

取り組む課題に優先順位をつけ評価指標を絞ることで分散している力を集約することができ，効率的に成果を上げることが期待できる。

また、学校評価対策委員会で評価指標の検討、結果の分析、改善策を検討する際に、校内での経験年数が長い職員による体験を基にした意見や、声の大きい影響力のある職員の考えだけで議論が進められては、一部の教員しか、職務自律性による働きがいを感じることはできません。

そこで、評価指標を検討する際と、結果の分析及び改善策を検討する際には、**次のような観点を示し、職員が対等な立場で話し合うことができるようにしました。**また、❸についても意識できるように留意点を示しました。

評価指標を検討する際の留意点

- 「学校教育目標」や「学校運営基本方針」などで示された重点項目を達成することにつながる評価指標になっているか。
- 評価指標が具体的で評価しやすくなっているか。
- 評価指標に二つ以上の評価内容が示されていないか。
- 評価の対象が明確であるか。
- 保護者アンケート及び児童アンケートの内容は、教職員自己評価の客観性を高めるものとなっているか。
- 保護者アンケート及び児童アンケートの内容は、教職員自己評価の内容と整合性のある表現となっているか。

結果の分析及び改善策を検討する際の留意点

- 成果や課題を明確にしているか。
- 課題を解決するための改善案となっているか。
- 成果をより発展させるための改善案となっているか。
- 教職員自己評価と保護者・児童アンケートの結果のずれの原因の究明とそれを解決するための改善案となっているか。

職務自律性を大切にすると言っても、何から何まで任せていては混乱を招きますから、**迷ったときは「学校教育目標の実現」という前提に立ち返るように依頼しました。**

これらの提案は平成29年度の３学期に行い、平成30年度から本格的に取り組むことにしました。「学校評価対策委員会」を新たに立ち上げるのは、会議の回数の増加につながります。しかし、学校運営の改善には欠かせないこと、一人一人が働きがいを感じられる職場づくりに協力してほしいことを訴えて、取り組みを開始しました。

2 学校評価を通して学校運営の改善に取り組もう

ここでは、教務部校内研究部会での取り組みを実践例として述べたいと思います。

平成30年度がスタートし、教務部校内研究部会として学校評価対策委員会を開きました。新学習指導要領の本格実施を控え、移行期であるこの時期の取り組みをどのように進めるのか検討しました。その中で、新学習指導要領のキーワードの一つである「主体的・対話的で深い学び」について職員の理解が十分ではないことが課題としてあげられました。

A先生「主体的・対話的で深い学び、という表現が抽象的で分かりにくいので、まずは授業で具体化していくことが大切だと思う」

B先生「ある教科にしぼって実践をして、成果が明らかになったら、他の教科に広げていくという方法が、今後のことを考えるといいのでは？」

C先生「比較的、授業展開がパターン化できる算数で実践するといいと思うけど」

A先生「それは賛成。主体的・対話的で深い学びについて、まずは主体的な学びについて授業で具体化していきたいな」

校内研究部会では、このように話し合い、その内容を学校評価員会で全職員に報告した後、評価指標を正式に決定していきました。決定した評価指標は次のとおりです。

評価指標①

教職員　算数科の学習の単元や授業の導入で問題提示の方法を工夫して、子どもに「分かるようになること（目標）」を明確に意識させることができたか。

保護者　学校は、算数科の学習のはじめに「分かるようになること（目標）」を、子どもたちに意識させているか。

子ども　算数の授業のはじめに、めあてを確かめているか。

評価指標②

教職員　算数科の学習の単元や授業の終末で、子どもに目標を達成することができたかを確かめさせ、「分かったこと」を実感させることができたか。

保護者　学校は、算数科の学習の終わりに「分かったこと」を、子どもたちに確かめさせているか。

子ども　算数の授業の終わりに、「分かったこと」を確かめているか。

やはり「学校評価対策委員会」を新設し、**評価指標を自分たちで決めることができるようになったことで、どの職員も話し合いに積極的に参加するようになりました。**

また、取り組みの成否も自分たちの取り組み次第となるので、評価指標の達成状況も意識するようになりました。教務部校内研究部会が中心となって、研究授業も数回に渡って開催され、主体的な学びの具体像について各職員が理解を深めていきました。

12月になり、これまでの取り組みを振り返り成果を明らかにするとともに、次年度に向けて課題をどのように改善していくか、学校評価対策委員会を開きました。ここでは、教職員自己評価と保護者アンケート、児童アンケートの結

研究主任を中心に評価指標について検討する様子

果を参考に話し合いを進めました。評価については、A（よくあてはまる：4点）、B（だいたいあてはまる：3点）、C（どちらかといえばあてはまらない：2点）、D（全くあてはまらない：1点）として平均化し、合格基準を75％（3点）以上と定め、3点未満のものについては改善の方策を探っていくこととしていました。

まず、授業の導入については、「児童の既成概念を揺さぶる活動」や「解決への見通しをもつことができる活動」を取り入れ、子どもの「調べてみたい」「解いてみたい」という意欲を高め、主体的に学ぶことができるように働き掛けてきました。その結果、児童アンケートの結果は3・3、保護者アンケートの結果は3・2と高いものとなりました。教職員自己評価の結果も3・2とよい結果でした。教員による「授業の導入の場面での指導の工夫」が子どもの意識に好影響を与えていると分析しました。また、保護者には授業参観などの場面で学校の重点的な取り組みの様子が伝わり、肯定的に捉えていただくことができたと判断しました。

授業の終末については、「振り返りの場」の在り方について、具体的には「分かったかどうかを◎や○、△といった記号を使って自己評価する」「分かったことを自分の言葉で表現する」といった方法を取り入れました。教職員自己評価の結果は、2・9となり高い評価とはなりませんでした。原因について話し合うと、「導入や展開の部分で時間を取られてしまい、終末の時間を十分に確保することができなかった」「目標の達成状況を、子ども自身が正しくつかめていないことがある」といった意見が出されました。授業の時間配分や「振り返りの場」の在り方等について、今後の課題として次年度以降も引き続き検討していくこととなりました。

このように、**取り組みの権限や責任を各自にもってもらうように学校評価対策委員会を新設するなど学校評価の実施方法を見直したことは、取り組むべきことを継続して意識することにつながりました。また、自分の思いやアイデアが生かされ、モチベーションがアップすることにより、職員が職務自律性を実感することにもつながりました。**

学校評価を進めていく中で、職場内にチャレンジが認められる雰囲気や、安心感が満ちてくるようになり、それぞれの立場で、学校をよりよくしていこうという自律分散型の組織に、少しずつ成熟していくことを感じることができました。

これは、次ページに示した学校評価に関するアンケートからもよく分かります。

Q　学校には取り組むべきあるいは取り組んだ方がよい課題が山積しています。しかし，様々な課題に対して，それぞれの職員の価値観や経験により意識（優先順位）が分散しがちです。そこで「学校評価」を通して取り組む重点をしぼることによって，職員の意識や力を集中できるようにしました。
　昨年度に比べ，取り組む重点を意識して，課題の解決にあたるようになりましたか？（人）

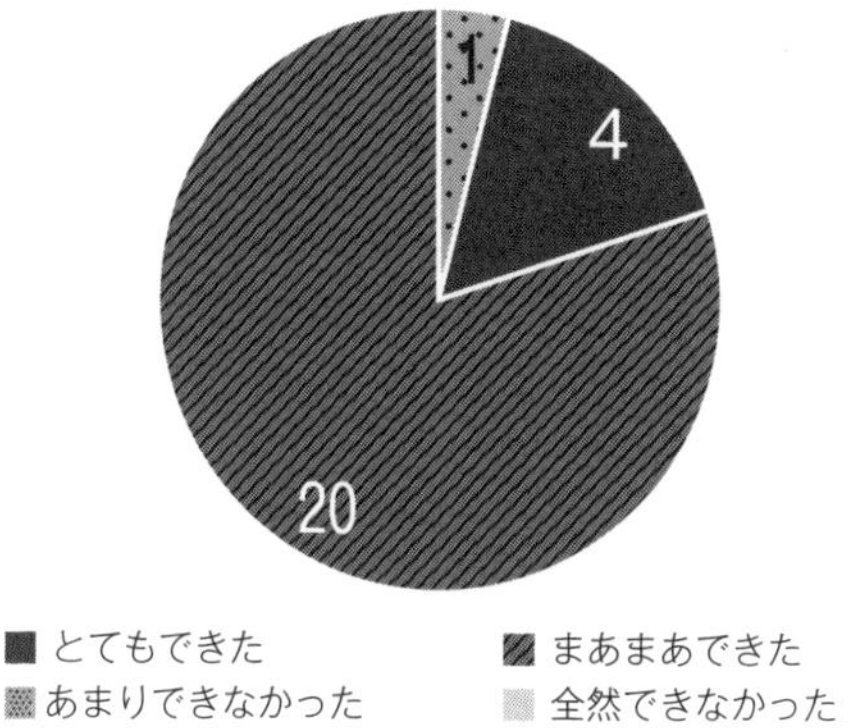
1
4
20
とてもできた
まあまあできた
あまりできなかった
全然できなかった

Q　それぞれの校務分掌や担当における業務の遂行にあたり，以下のプロセスを取りました。
　①学校評価の評価指標を決める。→②評価指標を達成できるように校務分掌や担当を中心に取り組む。→③成果や課題を検討する。→④新たな評価指標を設定する。
　つまり，「業務に対する責任と権限」をみなさんにお渡ししたのです。このことにより，より自分事として捉え，業務にあたることができましたか？（人）

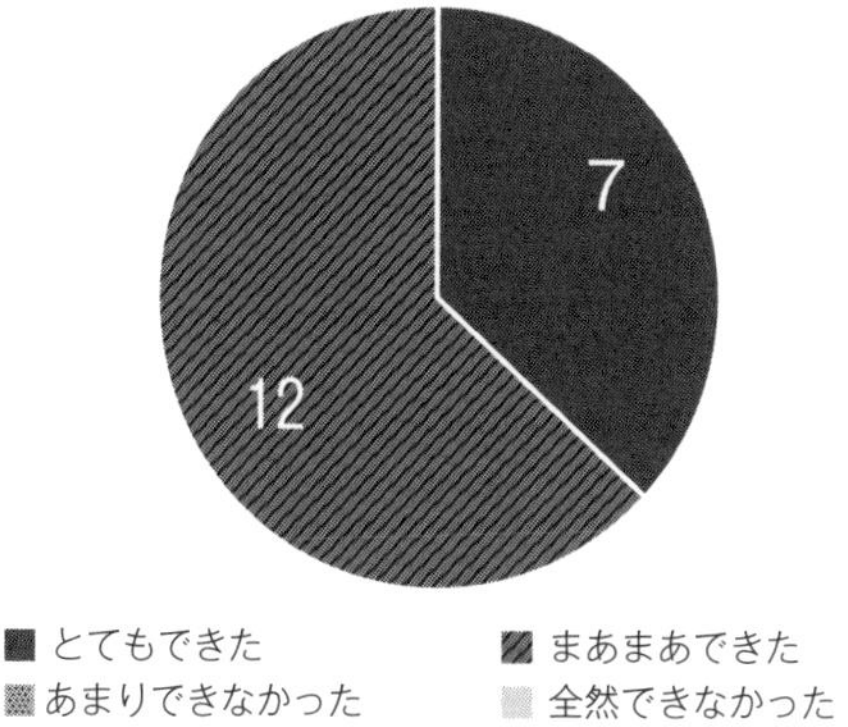
7
12
とてもできた
まあまあできた
あまりできなかった
全然できなかった

Q　みなさんは「学校をよりよくしよう・子どもたちをよりよく伸ばそう」という意識をもって業務にあたってくださっていると思います。
　学校評価を通して，自分が関わった評価指標において良好な結果が得られた際（教職員自己評価・保護者アンケート・児童アンケート），自分の取り組みに対する達成感が得られたり，業務に対するモチベーションが上がったりしましたか？

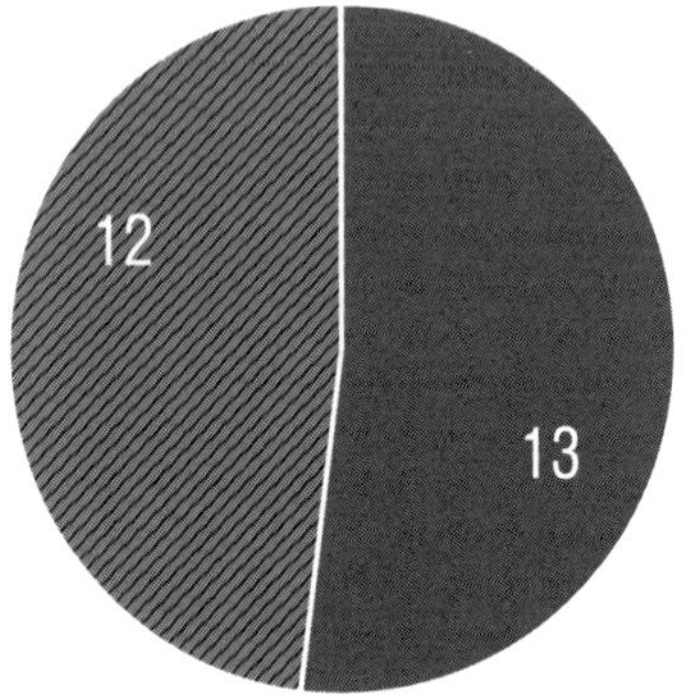
12
13
とても上がった
まあまあ上がった
あまり上がらなかった
全然上がらなかった

アンケートの結果から、学校評価に関わる仕組みを変えたことが、職員に肯定的に受け止められていることが、よく分かると思います。

　現在、企業の中には、決定権をもつ人を中心とした「中央集権型組織」から、組織を構成する人それぞれが決定権をもち、全員が経営を意識して動く「自律分散型組織」にシフトチェンジしているところが増えてきています。インターネットの利用が当たり前で、即時対応が求められる時代には、「上司に確認します」と言って迅速な対応ができないと、ビジネスチャンスを逸してしまうからだそうです。

自律分散型組織では、上司だけが部下の業務の進捗状況を把握していた従来の方法から、コンピューターを活用することで、誰もがどこからでも、その進捗状況を共有することができるようになり、飛躍的に業務の効率化が図られています。このような点において、働き方改革を進めるうえで大変参考になるのではないかと思います。学校現場には、ビジネスチャンスといった考えはそぐわないかもしれませんが、学校評価会議や学校評価に関わる打ち合わせを適切に実施し、学校評価対策委員会における「学校運営の改善に関わる取り組みの進捗状況」をきちんと共有することで、スピーディーに業務の効率化を図ることができるのではないでしょうか。

今や世界的ブランドとして成長したスターバックス。小さな会社を世界的な企業に押し上げた功労者の一人ハワード・ビーハー氏は、サーバントリーダーシップを大切にしていたと言います。管理職を中心としたトップダウンの中央集権型組織から、「よりよい学校にしていきたい」「子どものために頑張りたい」という思いをもった職員によるボトムアップの自律分散型組織に転換していくためには、管理職自身が「職員を信じて、見守り、支える立場」へとシフトチェンジし、サーバントリーダーシップを発揮していかなくてはならないのではないでしょうか。

取り組みを振り返って

3学期のある日、私は残務処理のため退勤が遅くなってしまいました。いつのまにか、職員室に残っているのは、働き方改革推進委員のY先生と私の2人だけ…。実は、Y先生は前年度の10月の職員会議で、私が「次年度に向けた業務整理・業務改善案」を提案した際に、反対の意見を述べた一人でした。そのY先生が、職員室を見渡して、しみじみと私に言うのです。

「教頭先生、学校の働き方改革なんて、うまくいくのかって、本当は疑っていたんです。でも、やればできるんですね…」

Y先生の変わりように驚くとともに、詳しく話を伺ってみると、

「実は妻が、6年生の担任をしていて、卒業式に向けてすごく忙しそうで…。最近は私が夕食をつくっているんですよ。東築地小学校の働き方改革が進んでいなかったら、今頃、家庭は本当に大変な状況になっていたと思います」

とのことでした。

働き方改革を推し進めてきて、本当によかったと感じた瞬間でした。

この他にも、勤務時間終了後に、私的な研究会に参加し、力量の向上に努めているG先生は、授業をすることが、これまで以上に楽しくなってきたようです。お子さんが生まれ、お風呂に入れることが楽しみで退勤が早くなったK先生は、毎日笑顔で、学級の子どもたちに接しています。それぞれが、ワークもライフも大切にして、ワークライフバランスを実現していることが伝わってきました。

これまでの取り組みを振り返ると、「学校の働き方改革」における管理職の役割は次の三つではないかと考えるようになりました。

❶「学校の働き方改革」の目的を明確に示すこと。
❷成果や課題をきちんと数値で示し、職員が納得と安心のもとに、「学校の働き方改革」に取り組むことができるようにすること。
❸サーバントリーダーシップを発揮しながら、ボトムアップで「学校の働き方改革」を進められるようにすること。

そして、強く思うようになったことは、**「学校の働き方改革」は管理職が引っ張っていくのではなく、学校全体（チーム）で考えて取り組むことが大切だということです。**

教員が子どもたちの前でベストなパフォーマンスを発揮できるよう、働き方を見直す。
「学校の働き方改革」は誰かがやってくれるものではありません。

担任の立場で
学年のメンバーとして
学年主任として
自身の校務分掌の立場から
校務主任として
教務主任として
管理職として
保護者として…

一人一人が当事者意識をもち、「自分に何ができるか、自分は何をすべきか」を考え、一歩踏み出すことが、「学校の働き方改革」成功の鍵だと思います。

今後も、自分の与えられた立場で何ができるか、組織にどのように働き掛けるか、日々考え、取り組んでいきたいと考えています。

おわりに

令和元年12月。

学びの充実のためのＩＣＴ環境の整備と、「学校改革！教員の時間創造プログラム」のもと、学校の働き方改革を、自治体ぐるみで進めている熊本市を視察する機会をいただきました。

熊本市は、熊本大学、熊本県立大学、ＮＴＴドコモの四者で教育情報化の推進に関する連携協定を締結していました。ＩＣＴを活用した学びのカリキュラムづくりは主に大学で、ＩＣＴ環境整備はＮＴＴドコモで、ＩＣＴを活用した授業に関する研修は教育センターで担うというように分業化が図られていました。分業化により、教育委員会及び学校現場に掛かる負担が、大きく軽減されていることが分かりました。

また、熊本市教育委員会は、学校の働き方改革を推進するために学校改革推進室という専門部署を設立。平成30年3月に「学校改革！教員の時間創造プログラム　～教員がゆとりを持って子どもたちと向き合える環境をつくっていくために～」を策定し、具体的な取り組みを進めていました。取組方針は、①仕事の総量の減少、②マンパワーの充実、③時間を意識した働き方の徹底の三つで、特に平成30年度に行われた「留守番応答電話の設置」と「最終退校時刻の設定」は効果的であると感じました。さらに、給食費の公会計化、学校徴収金のシステム管理化を目指しているとのことでした。

教育長の強い信念のもと、自治体ぐるみでスピード感をもって改革を進めている様子がよく分かり、感心することばかりでした。今、このような教育改革に関わる動きは、全国の様々な自治体で起こっています。

一方、国会に目を向けると、令和元年12月に「改正教職員給与特別措置法（給特法）」が可決・成立しました。これは、教員の勤務時間を年単位で管理する「変形労働時間制」の導入を柱とするもので、私たちの働き方に大きな影響を及ぼしそうです。

時代が大きく変わろうとしている今、学校も例外ではなく、「学校の在り方」やそこで働く「教員の働き方」も大きな転換点を迎えています。国や自治体の動きを注視しつつ、ワークライフバランスを意識した自分の望む働き方を、みんなで実現できる職場づくりに、今後も励んでいきたいと思っています。

さて、本書を刊行するにあたり、感謝したい方々を紹介したいと思います。

まず、横浜市立日枝小学校の住田昌治校長先生です。学校の働き方改革を進めるにあたり、学校訪問の申し出を快く引き受けてくださったり、ワークライフバランスフォーラムでは一緒に登壇させていただいたりしました。その中で、いつも管理職としての在り方を示してくださっています。先生の著書『カラフルな学校づくり』（学文社）は、わたしの道標の一つとなっています。今後も、どうぞよろしくお願いいたします。

次は、本書の執筆に関わってくださった皆様です。名古屋市立東築地小学校で、学校の働き方改革について指導・助言をいただいた水藤とも子校長先生、伊藤葉子校長先生、働き方改革に対する本音を伝え、ともに取り組んでくださった教職員の皆様、今回の執筆にあたり力強く背中を押してくださった名古屋市立矢田小学校長の松山清美先生には大変お世話になりました。ありがとうございました。

最後は、妻の真理子と二人の子どもたちです。妻は同業者です。毎日、子どもの保育園への送迎があり、時間に追われる妻の姿を見てきました。ある時期、お互いに余白のない生活は我が子の生活にも少なからず影響を及ぼしました。本当の意味で子育てに関われる時間は有限です。子どもの笑顔や成長を目の当たりにしたとき、「このかけがえのない時間は二度と戻ってくることはない。教員がもっと子育てに余裕をもって臨める環境を整えたい」と願うようになりました。私の「学校の働き方改革」に関する様々な取り組みへの出発点は、この願いであり、妻の理解と子どもたちの笑顔が活動の原動力となっています。感謝の気持ちを忘れないようにしたいと思います。

なお、本書を執筆するにあたり、明治図書出版の皆様、とりわけ、編集者の小松由梨香さんには、大変お世話になりました。深く感謝を申し上げます。ありがとうございました。

令和2年5月

名古屋市立矢田小学校　教頭　中村　浩二

【著者紹介】

中村　浩二（なかむら　こうじ）

1970年愛知県名古屋市生まれ。

愛知教育大学教育学部理科生物学教室卒。

平成５年より名古屋市立小学校教員。教員経験27年。

平成22年度・23年度，愛知教育大学教育実践研究科（教職大学院）学校づくり履修モデルへ派遣され，学校評価の在り方を中心に学校運営について学ぶ。

平成29年度より，名古屋市立東築地小学校教頭。学校の働き方改革に取り組む。

令和元年度より，名古屋市立矢田小学校教頭。「画一的な一斉授業からの転換を進める授業改善」事業のモデル校で事業の推進に携わる。

「学校の働き方改革」に関するフォーラムや管理職向け研修会での講演多数。日本教育経営学会所属。

本書が初の著作となる。

全職員が定時で帰る
スクールリーダーの職員室革命

2020年６月初版第１刷刊 ©著　者　中　村　浩　二
発行者　藤　原　光　政
発行所　明治図書出版株式会社
http://www.meijitosho.co.jp
（企画）小松由梨香（校正）小松由梨香・大内奈々子
〒114-0023　東京都北区滝野川7-46-1
振替00160-5-151318　電話03（5907）6701
ご注文窓口　電話03（5907）6668

＊検印省略　組版所　株　式　会　社　カ　シ　ヨ

Printed in Japan　ISBN978-4-18-218117-7